中島卓也

メッセージBOOK

—思いは届く—

中島卓也著

廣済堂出版

FIGHTERS
NIPPON-HAM
FIGHTERS

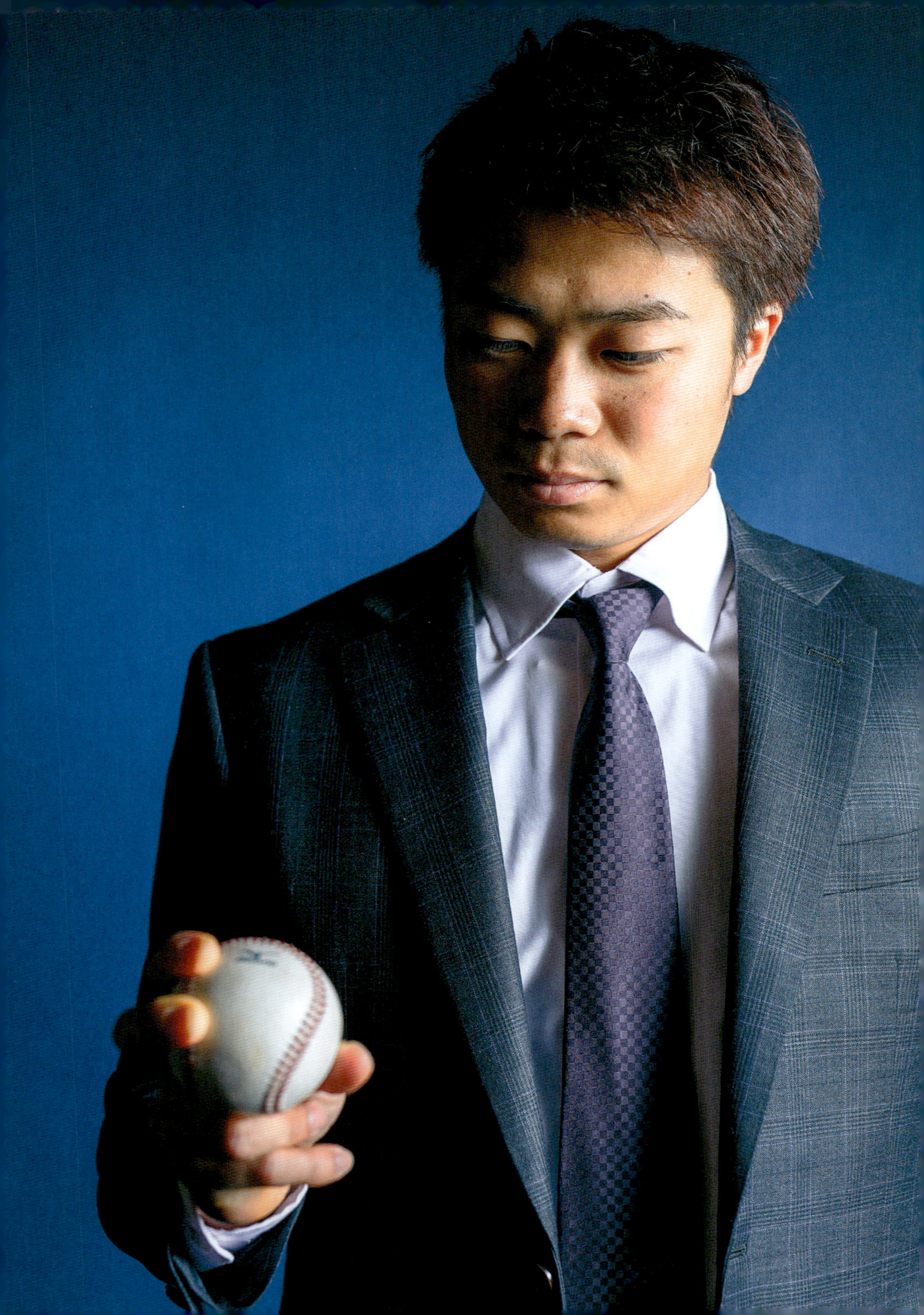

35

NAKASHIMA
9

FIGHTERS

ゼネラルパート
がんばれ！
ブランドン・レアード選手
がんばれ！中島卓也選手
ゆめぴりか
ひまわりのま
日本一を誇
北海道日本ハムファイターズ
全力応援！北竜町
中島卓也
新垣勇人

FIGHTERS

FIGHTERS

TAKUYA NAKASHIMA MESSAGE BOOK

中島卓也

メッセージBOOK

―思いは届く―

まえがき

わずか1本――。

僕が高校時代に放ったホームランの数です。しかも、打ったのは練習試合でした。プロではリードオフマンや下位打線を打つ選手でも、高校生のときには何十本とホームランを打っている選手がほとんどです。ピッチャーでも、僕より多く打っているでしょう。高校時代のホームランが1本というのは、もしかしたらプロの中では最少かもしれませんね。

小さいころから脚光を浴びることはなく、「プロ野球選手になりたい」という夢を現実のものとして初めて意識できたのも高校3年生になってから。それも、ほんの短い期間だけで、大学に進学する予定でいました。それでもプロに入ることができ、「うまくなりたい」「一軍の試合に出たい」と思って、ただ目標だけを見据《みす》えてやってきた。その結果、北海道日本ハムファイターズで2014年から2年連続でレギュラーとして使ってもらい、15年は盗塁王のタイトルホルダーにもなって、秋には「ＷＢＳＣプレミア12」で日本代表にも選んでもらえた。

本当に望んでもみなかったすごいことが起きているのですが、振り返ればいつも自分の思いを後押ししてくれる人がいました。その人たちとの出会いがなければ、どれも実現させることはできなかったはず。感謝の気持ちでいっぱいです。でも、「なぜ、自分の思いが届いて、相手が力を貸してくれたのか？」ということの理由は、これまで考えずにいました。今回、この本を出版するお話をいただき、なにを伝えたらいいのかを考えたとき、自分なりにでもその答えが見つけられれば、それがメッセージになるのではないか。そう考えてお引き受けしました。

育った環境が功を奏して小さいころから足は速く、それを長所にプレーしてきましたが、自分に特別ななにかがあったとは思いません。プロ野球の世界では体も小さいですが、だからダメということでもない。誰にでも思いを形にできるチャンスがある。読み終わったあとに、そんなふうに感じていただけたらうれしいです。

中島卓也

目次

Contents

第1章 上へ

見極め

「ここは走る場面じゃない」

2015年11月19日、「WBSC プレミア12」準決勝の韓国戦9回裏二死、僕は一塁ベース上にいました。得点は3対4で、日本代表「侍ジャパン」の1点ビハインド。二死走者なしからヒットで出塁した、同じ北海道日本ハムファイターズの中《なか》田翔《たしょう》さんに代わっての出場で、盗塁を期待してくれたファンも多かったかもしれません。13年の「第3回WBC（ワールド・ベースボール・クラシック）」で、同じようにアウトになったら敗戦が決まる場面で二盗を決めた鳥谷敬《とりたにたかし》さん（阪神タイガース）を思い出した方もいたでしょうね。もちろん、僕の頭の中にも盗塁という選択肢はありました。でも、相手の左投手・李賢承《イ・ヒョンスン》は牽制《けんせい》がうまいという情報があり、首脳陣の判断も「完璧《かんぺき》なスタートが切れるなら行ってもいいが、そうでなければ無理に勝負をするのはやめよう」というもので、僕も納得しました。打席に立つのは長打力のある代打のおかわり（中村剛也《たけや》）さん（埼玉西武ライオンズ）ですから、逆転2ランも望めました。打球が外野のあいだを抜ければ、ホームまで生還できる。それに代走というのは、そのときが最初のプレーになりますから、試合当初から出場していて塁に出たケースよりも盗塁が難しい。代走のスペシャリストである鈴木尚広《たかひろ》さん（読売ジャイアンツ）は当たり前のように盗塁を成功させていますが、相当な準備をされているんだろうなと思います。もちろん、僕も自分なりに準備は整えていました。日本代表に呼ばれてから小久保裕紀《こくぼひろき》監督には「ここぞという緊迫した場面で出てもらうことになるだろうから、しっかり準備しておいてくれ」と言われていましたので、中田さんが出塁すれば僕の出番だと考えていました。

もちろん絶対にセーフになれるという確信を求めて、相手の隙《すき》はうかがっていました。李も僕が走らないと思ったんでしょうね、初球に右足を高く上げたときには改めて盗塁できるかを再考しました。ですが、やはり走るべきではないというのが僕の結論でした。足の速い選手が塁にいるだけでも、投手にとってはいやなもの。盗塁をするだけが役割ではありません。走らないことでプレッシャーをかけ続けることもできる。結果としては2球目を打った、おかわりさんの打球が内野ゴロとなって敗れましたが、あそこは「仕掛ける状況ではない」と冷静に判断できたと思います。

プロに入って初めて全試合に出場できた15年を振り返ったとき、こうした状況を見極めることや、試合の流れを読むことというのが、自分の中で最も向上した部分です。例えばバッティングだったら、「ここで塁に出られれば試合が動くんじゃないか」というのを感じ取って、フォアボールでもいいから粘ってなんとかして出塁する。守備でもピンチの場面でリスクが多少広がったとしても、少しポジショニングを前にしてゲッツーを取りにいこうとか。試合の展開や、流れの傾きなどを把握できるようになった。やっぱり試合に出続けているから気づくことがたくさんありますし、出ていないとわからないところだと思います。ただ、前年の14年は規定打席に到達するくらい試合に出してもらいましたが、そういうことはできませんでした。まだ余裕がなかったのもありますが、それよりもポジションがセカンドだったことが大きい。僕にはショートは全体を見渡してプレーしなければならない要《かなめ》のポジションという考えがあります。それでおのずとそういう意識が芽生えたのかなと思います。

前年にショートでの先発出場も14試合ありましたが、15年は本当に1からショートを勝ち取るという気持ちで臨みました。目標も143試合すべてショートでの出場。やっぱり二遊間の選手がコロコロと変わるチームは長いペナントレースで勝てない。それに、試合に出してもらうには成績が伴《ともな》わなければいけないから、全試合に出られたならば、結果的に成績もある程度は残る。だから試合に出ることだけを考えていました。ヒットの数も前の年が99本だったので、100本は打ちたいとは思いつつも、実際に100安打目を打ったときは自分ではわかっていなくて、栗山英樹監督に「100安打、おめでとう」と言われ、そこで初めて気づいたんです。

盗塁も14年は30個を目指して28個だったので、それは超えたいと漠然《ばくぜん》と思っていたけど、数字的な目標は立てませんでした。当然、盗塁のタイトルを狙《ねら》ってはおらず、獲《と》れると考えてもいなかった。自分は盗塁王になれるような選手じゃないと思っていましたから。13年の陽岱鋼《ようだいかん》さんも、14年の西川遥輝《はるき》も40個以上で盗塁王。でも、僕はそこまではイメージできなかった。シーズンが進んでも同じで、9月まで遥輝と同じくらいの数で来ましたが、シーズン途中で「おまえ、2年連続で獲れよ」と話していたくらいです。遥輝とは争っているという感じは全然なく、「盗塁は疲れるな」なんて会話をしていた。盗塁はファンの方の想像以上に疲れるものです。牽制球もある中、神経を最大限研《と》ぎ澄まして1歩目を切り、全力で走る。14年に1試合で3つ決めたこともありますが、2回試みるだけでも疲れます。とくに夏場はきつい。それに、走らないと決めていても、行けると思うと走っちゃう。野球人なので。そんなことが何回かありました。でも、走ったあと、「うわぁ、疲れた」みたいな（笑）。

盗塁王を意識したのは、チームの順位が2位で確定した9月下旬になってから。遥輝は不振でファームに行き、僕は福岡ソフトバンクホークスの柳《やなぎ》田《た》悠岐《ゆうき》さんと競《せ》る形でしたが、これは獲らないわけにはいかないという話を投手の方に聞かされたんです。それはソフトバンク戦の試合前バッテリーミーティングで、「柳田は塁に出すな。出しても絶対に走らせるな」と確認したというもの。だから応援というより、イジられた感じでしたけどね（笑）。でも、うれしかったし、そう聞かされたら獲らないといけない。「獲れるかな」と思えたのは、お互い残り2試合で迎えた10月4日の千葉ロッテマリーンズ戦で33個目の盗塁を決め、1つリードしたとき。翌日も34個目を記録してタイトルを獲得できました。盗塁王になるなら40個行きたかったという思いもあるけど、みんなにも応援してもらえて、本当にうれしい初称号になりました。

それからフォアボールの数を増やせたことも良かった点ですね。とくに僕のような足を武器にしている選手は、フォアボールを取ることが重要。相手は塁に出したくないでしょうし、ヒットを打たれるよりも、ファウルなどで粘られてフォアボールを与えるほうがダメージは大きいと思います。15年は本当にそういうことが多かった。フォアボールも増やそうと考えていたわけではなく、おのずとついてきた数字でした。粘ることに関してなにかを変えたというのもないのですが、そこも状況が見えるようになったことがいいほうに結びついたんだと思います。

誰かが見ている

そして、15年でなにより良かったのは日本代表に選ばれたことです。これからの野球人生において、間違いなくプラスになる貴重な経験をさせていただきました。

初めて出場することができた15年のオールスターゲームもまわりは本当にすごい選手たちが揃《そろ》っていて、最初はどうしていいかわからずキョロキョロするばかり。それでも試合ではヒットも1本打てたし、打球も何個かきちんとさばけて楽しくプレーできた。入団したころは自分には縁《えん》のない舞台だと考えていたし、選んでいただいたときはうれしさよりも驚きのほうが大きかったのですが、前半戦の成績から「選ばれる可能性があるかもしれない」と期待しているところもありました。

でも、ＪＡＰＡＮのユニフォームを着られるとは想像もしていなかった。足と守備、そして、打席での粘りも評価してもらったのかもしれませんが、まさかの選出でした。小久保監督をはじめコーチの方々が僕を見てくれていた。誰かに向けて練習をしてきたわけではないけど、コツコツと努力を重ねていれば、誰かがどこかで見ていて、上へと引き上げてくれるのかなと思います。たくさんの方に「おめでとう」と電話やメールをもらいましたし、タテジマのユニフォームは生まれて初めてだったので違和感があり、あまり似合っていないかもと感じましたが、チームメイトや友だちは「似合っているね」と言ってくれました。みなさんの感想はどうでしたか？

時間がなかったオールスターとは違い、「プレミア12」期間中は学ぶことが多かったです。独自の練習を行っている選手もいて、「こういう練習は良さそうだな」とか、感じるものがありました。東京ヤクルトスワローズの川端慎吾さんや山田哲《てつ》人《と》は、ティーの投げる位置を変えたり、何種類ものティーバッティングを早く出てきてやっていました。「これが噂《うわさ》のやつか！」と見ていたのですが、やっぱりやってみようかなと思いますし、いいと感じたものは取り入れていこうと考えています。

もちろん見るだけでなく、いろいろな選手の話も聞くことができました。とくに同じショートの坂本勇人《はやと》さん（巨人）はロッカールームもとなりの席で、気さくに話しかけてもらいましたし、いろいろなことを教えていただきました。例えば、ゲッツーを狙う際に、坂本さんは二塁ベース上でボールを受けてから一塁へ送球するスピードがとても速い。なので、どういう感じで送球をさばいているのかを聞いてみたのですが、すごく丁寧《ていねい》に説明してくれました。ほかにも坂本さんがこれまでに聞いたという、宮本慎也さん（元東京ヤクルト）や井端弘和《いばたひろかず》さん（巨人内野守備・走塁コーチ）、鳥谷さんの野球理論も聞かせていただきました。ライバルとは見ていないでしょうが、同じポジションの僕に惜しみなく教えてくれたのは、やっぱり「日の丸のために」ということなのだと理解しました。

個人よりもチームを優先するのは所属チームでも同じとはいえ、日本代表ではそのことがより一層求められるのだと思います。それくらい国際大会で1勝するというのは難しい。接戦が多かったように、簡単には勝たせてもらえない。この大会で、それを知りました。当然、負けられないというプレッシャーもすごかったです。僕はそんなに試合に出られなかったんですけど、ベンチにいても緊張するくらい、独特の雰囲気が漂っていました。それは普段のペナントレースでは味わえないものでした。

あの中で

この大会でのメンバーは年齢が近い選手が多かったので、チームは明るくてすごくまとまっていました。得点にならなくてもヒットを打った選手がベンチに帰れば、「ナイスヒット!」と迎える。凡打でも「次、行きましょう!」と声かけが必ずありました。行く前は「もっと重い感じかな」と考えていたので、想像と違っていました。

そのおかげもあってか、代表初出場はそれほど緊張せずに出ていけました。台湾での1次ラウンド4戦目のアメリカ戦、9回裏に守備固めでセカンドの山田と交代。打球が飛んでこなかったこともあって、あまり記憶に残っていないくらいです。

ただ、続くベネズエラ戦のバントの場面は、本当に緊張しました。あの打席はヤバかった。1点を追う9回裏で無死一、二塁という、バントを成功させるのがとても難しいシチュエーション。すでに予選1位通過は決まっていたけど、全勝と1敗ではやっぱり違う。しかも、バントは成功して当たり前と見られがちですが、僕は簡単だと思ったことはありません。その試合では4回に嶋基宏《しまもとひろ》さん（東北楽天ゴールデンイーグルス）がバントを失敗していたこともあり、よけいにプレッシャーがかかったし、台湾・桃園《タオイェン》球場の雰囲気も日本とは異なっていて、足が地に着かない感じでした。そんな中、1回で決められたのは良かったですし、今までやってきたことを出せたと思います。僕はもともとバントがへた。でも、僕のようなタイプはバントもしっかりできないと試合で使ってもらえない。それで、とにかく練習したんです。ああいう場面で決められて自信になりましたし、得るものが多い大会でした。「プレミア12」の結果は、みなさんもご存じのとおり、3位でした。1次ラウンドから全勝で来ていても、1つ負けたら優勝できない。国際大会の怖《こわ》さも味わいました。出場機会は少なくても終わったときはやっぱり疲れがあって、知らず知らずのうちに体に力が入っていたり、精神的にも負担がかかっていたんでしょうね。

でも、終わったあとにいちばんに思ったのは、「もっと試合に出たかった」ということ。それまでは「ジャパンに選ばれたい」とか、「そこで試合に出たい」といった気持ちはなかったのですが、「プレミア12」で戦ってみて、代表の試合でも「最初から試合に出たい」と思うようになりました。自分の中で少し変わりましたね。

17年3月に予定されている「第4回WBC」にも選ばれたい。ショートには、坂本さんや今宮健太（福岡ソフトバンク）らライバルはたくさんいますが、今度はもっと試合に出たい。そのためには、選考の大きな判断材料になる16年シーズンで、しっかりと結果を残さなくてはいけない。強い思いを持って、侍ジャパンの首脳陣の方に、「また中島を呼びたい」と思ってもらえるような姿を見せていきたいですね。

私が見た「中島卓也」の素顔

COLUMN

大谷翔平 投手

SHOHEI OHTANI

「野球やゴルフで好プレーしても平然。反応、薄すぎです（笑）」

卓さんには、僕が1年目の2013年からお世話になっています。右も左もわからない中、球場と寮を行き来するのにも、卓さんの車に乗せていただきました。僕からお願いしたわけではなく、自然な感じで、声をかけてもらいました。誰に頼んでいいかわからない僕を見て、気をつかってくれたんでしょう。まわりのことをすごく見てくれているんだと思います。

最初に乗せてもらったときはやはり緊張しましたけど、後輩に気をつかわせる先輩ではありませんから、すぐに慣れました。移動中の車内では後部座席に座っていましたし、いつも4、5人くらい選手が乗っていたので、卓さん個人とそんなにじっくり話をすることはなく、野球のことでなにかを聞いたりというのもありませんでした。でも、卓さんが好きな西野カナさんの曲は叩《たた》き込まれました（笑）。毎日、必ず流れていて、自然と覚えました。僕は特別に好きなアーティストはいないので、気づくと西野さんの歌が頭の中を回っていたりするときもありましたね。

試合中の守備でも頼りにさせてもらっています。卓さんは本当にプレーが堅実です。すごく肩が強いとか、守備範囲がものすごく広いというタイプではなく、打ち取った打球を確実にさばいてくれる。もちろんファインプレーでアウトにしてもらえればラッキーだなとは思いますし、卓さんにも15年4月19日の東北楽天戦の8回、ビッグプレーで救っていただいてもいます。一死二、三塁の場面でセンターに抜けそうなライナーをダイビングキャッチ。僕もやられたと思った当たりだったので、興奮して「ありがとうございます！」とお礼を言ったのですが、卓さんは「おう」と素っ気ないひと言だけでした。そういうところは反応が薄いんですよね。ゴルフのときでもナイスショットだろうが、チョロだろうが、全然、感情を出さない。「楽しいのかな？　あまり楽しくないのかな？」って思っちゃいます（笑）。

それはともかく、いい当たりをされた場合、ヒットになってもピッチャーの自分のせいですし、しかたがない。でも、抑えたと思った打球で出塁されるのは、いちばんガクッとくる。たまにあるファインプレーよりも、安定した守備のほうが大事なんじゃないかなと思います。

それに、守備力によってピッチング自体にも影響が出てくる。試合状況などにもよりますが、ピッチャーとすれば、バックの守備が堅ければ力《りき》んで三振を取りに行く必要はないですし、当たり損ねの打球をバッターに打たせればアウトにできると思える。当たり前のことに聞こえるかもしれませんが、そう考えられるのはピッチャーとしてラクなんですよね。例えばランナー一塁の場面で無理に三振を狙わなくても、ゴロを打たせればゲッツーが取れるかもしれない。

そう思えれば、あせることなくバッターと勝負できるんです。さすがにショートに打たせようと思って投げることはないですけど、卓さんが後ろにいると安心できます。場面に応じてタイムとか取り、マウンドに来て声をかけてくれます。正直、僕はあまり聞いていないんですけどね（笑）。

でも、それは卓さんだからとかではなく、例えば「開き直れよ」とかの僕に対する言葉が卓さんからさほどあるわけではないからです。僕はなるべくタイムは使わずに早く相手の攻撃を終わらせたいのですが、そのこともわかってもらっているのかもしれません。卓さんがタイムを取ったり、マウンドに近づいてくるときの狙《ねら》いは試合全体を俯瞰《ふかん》して見て、流れを読んで間《ま》を作ったり、相手の戦術面に対する注意や確認などのためということが多いんです。もちろん僕も全体のサインプレーや見落としがちな確認事項はそこできちんとおさらいしていますけど、ピッチャーはなかなか試合すべての流れにまで気がまわらないところがあります。それで聞き流してしまう部分もあるのですが、逆に言えば、卓さんやほかの野手の方がそういうところを抜かりなくやってくれるので、僕はピッチングに意識を傾けられる。チームとしても卓さんのタイムで好影響が生まれているケースがあると思います。

本当に味方で良かったです。あのファウル打ちで粘られるのも、対戦するピッチャーはやっかいだと思います。とくに球速がそれほどなくて、コースに散らして変化球で打ち取るようなタイプのピッチャーは、カット、カットでファウルにされると、いやでしょうね。僕も卓さんと紅白戦ではなく本気の勝負をしたら、打ち取るのは面倒だと思います。打席に迎えたくないバッターですね。

FIGHTERS

FIGHTERS

FIGHTERS

第2章 リスタート

左投げ左打ち

「ねぇ、野球チームに入らない？」

小学3年生に上がる前の春休みでした。校庭で友だち3人と野球ごっこをして遊んでいると、突然、上級生に話しかけられました。家が同じ区域にあるので知ってはいましたが、普段は話すこともない先輩がなぜ誘ってくれたのか。夢中になっている僕を見て、チームに入れば野球をもっと楽しくやれるということを教えたくなったんですかね。野球自体は物心がつく前から父親の手ほどきを受けていて大好きだったので、それが伝わったのかもしれません。そのときは当然、なんとも思いませんでしたが、こんなところにも僕を見つけてくれる人がいたんです。

家に帰ると母親に「チームに入りたい」と伝えました。きっかけをもらえてありがたかったですね。

まずは体験という形で練習に参加し、そのまま軟式の野球チーム「宇美《うみ》ジャイアンツ」に入団するのですが、実は野球を始めたときは投げるのも左でした。右利きの僕を父親はピッチャーに、それもサウスポーにしたかったようです。父親は右投げですが、高校時代は佐賀県の伊万里《いまり》商業高校でエースを務めるなどピッチャー経験があり、サウスポーのほうが重宝されやすいと考えたんだと思います。右利きなのに左投げという選手は実はすごく珍しいわけではなくて、杉内俊哉《としや》さん（巨人）もそうみたいです。

ただ、僕は左で投げることがうまくできず、右投げに直しました。そんな経緯があって、今の「右投げ左打ち」なんです。

左投げがダメだったものの、僕をピッチャーにするという父親の願望は変わりませんでした。でも、僕は内野手を選びました。ピッチャーはやりたくなかったので。父親とキャッチボールをしているときはピッチング練習もしましたし、4年生になると試合で投げることもありましたが、いやいややっていました。何度も父親に「ピッチャーをやれ」と言われましたが、そのたびに僕は、「いやだ」とことわり続けました。僕、頑固《がんこ》なので。当時から自分の意見を通していましたね。なぜ、頑《かたく》なに拒んだか。小さいながらにピッチャーは練習がきついと思ったんです(笑)。

僕のことを練習熱心というイメージを持っていただいている方もいますし、ほかの選手よりも練習をするという評価をしてくれる方もいます。実際にやっている自負も少しあります。

でも、練習が好きというわけではありません。いや、はっきり言って、練習は嫌いです。プロになった今でも「練習をやりたくないな」と思うことがありますし、妥協《だきょう》しそうにもなります。でも、もし、やらなくて結果が出なかったら、「あのときやっておけば良かった」と考えてしまう。そういう思いはしたくない。だから頑張る。それだけなんです。

小学生のときは楽しんでやっていたので、たまに家で素振りをしたぐらいで、自分から練習をすることはそんなにありませんでしたね。それに、4年生のときには一度、野球をやめました。監督とコーチの方針の違いからチームが分裂してしまい、ついていったほうのチームは練習も指導もけっこう厳しかったんです。そのうえ、部員が少なくて、満足に練習もできない。それで父親も心配するようになって、やめることになったんです。

でも、しばらくは寂しいというのも、それほど感じませんでした。友だちと遊んでいれば楽しかったですからね。家でゲームもしましたけど、やっぱり外で遊ぶほうが好きでした。

もともと生まれ育ったのは福岡県福岡市でしたが、小学校に入学する前に、同じ福岡県内の糟屋郡宇美町《かすやぐんうみまち》に引っ越してきていました。高校生まですごすことになる宇美町は、緑豊かな田舎《いなか》でした。近くに牧場があったり、田んぼがあったり。広い公園で友だちと野球はもちろん、サッカーをやったり、鬼ごっこをしたり。アスレチック場なんかもありました。外で遊ぶ環境はすごく整っていましたね。

公園のとなりにある山の中に林の茂みのような場所があって、小学校の高学年のときには、いつも一緒に登下校していた仲のいい友だち5、6人で秘密基地を作ったこともありました。ブルーシートを張って、椅子《いす》やテーブルとかも持ち込んで本格的に作りました。そこで流行《はや》っていたカードゲームをしたり、そばにある浅くて危なくない川をターザンのように蔓《つる》にぶら下がって渡ったり、みんなで持ってきた水鉄砲で撃ち合ったり。練習がない日は学校が終わったら、すぐに集合していました。でも、少ししてから秘密基地をたまたま見つけた誰かが先生に話してしまったみたいで、僕らは呼び出されて怒られて、行くことも禁止されました。正直、なぜ怒られるのかわかりませんでしたけど、山の奥のほうに入っていった場所なので、危ないということだったんですかね。でも、本当に楽しかったですね。

夜になると真っ暗なところもあって、時季によってはホタルがたくさん飛んで光っている。中学生のとき練習が終わって家に帰る道の途中、幻想的な眺《なが》めを見ながら自転車のペダルを漕《こ》いでいました。そのときは当たり前だと思っていたんですけど、都会ではホタルはなかなか見られないんですよね。あの光景は脳裏に焼きついています。

家も、山を開拓して作られた住宅街の中にありました。だから坂や階段がたくさんあるんです。小学校までは歩いて20分くらいかかったのですが、行きは下りなのでいいですけど、帰りは階段を上るので大変でした。小学校から家に着くまでに何百段も上らなければいけなかった。友だちとじゃんけんで勝ったら何段上がるとか、遊びながら帰っていましたけど、あれで足腰はかなり強くなったんじゃないかな。

そのおかげもあって、運動会のかけっこや徒競走は、ずっと1位でした。学校全体で1番だったかどうかはわかりませんけど、足は速いほうでしたね。授業も、体育だけは楽しかった。人見知りなので学級委員とか、まとめ役はいやでやらなかったんですけど、体育の授業だけは、みんなをまとめていました。

体育は1分でも長くやりたいから、前の時間の終わりのチャイムが鳴ったら、すぐに体操着に着替えました。そして、みんなに「おい、早く行くぞ！」と言いながら、校庭に出てラインを引くなどの準備へ。すぐに行くために、前の時間から着替えていたりとか、体育が2時間目だったら、1時間目が始まる前に体操着に着替えて、その上に洋服を着て授業を受けたり、体操着のままのときもありました。まさに、「体育命《いのち》」でしたね(笑)。

体育以外の勉強のことはあまり覚えていないですけど、国語と算数なら、算数のほうが得意。理科も実験があって面白くて、国語、社会より、算数、理科。高校も工業系でしたし、文系か理系かに分けるなら、理系ですね。

それと物を作るのも楽しくて、図工も好きでした。絵を描いたりするのも好きです。低学年のときに、学校で表彰されたこともあったんですよ。体育以外だと、それだけはめっちゃ覚えています。いろいろな動物の絵を描いたときに、普通はキリンなら色は黄色と茶色だと思いますけど、僕はまったく違う色を使って描いたんです。どの動物を何色で描いたのか細かくは覚えていませんが、例えばキリンを青色や緑色という感じ。考えてとかではなく、直感で。校内にも貼ってもらって、美術の感性が優れているのかなと一瞬、思いましたけど、そのときだけでしたね。あとはなにもなかったです(笑)。音楽は、ピアノで『ねこふんじゃった』が弾けるくらいでしたが、嫌いじゃなかったですし、今はギターをやってみたいなと思ったりもしています。

体育以外の成績は、そんなにいいということはありませんでしたけど、両親から勉強のことで叱《しか》られたことはないですし、「勉強しろ」と言われるようなこともありませんでした。「宿題、やりなさいよ」くらい。しつけの面でも、ああしなさい、こうしなさいというのはなかった。

野球をやめたあと、一緒にいる仲間が変わって、ちょっとヤンチャになった時期もあって怒られることもありましたが、そんなにきつくという感じではなかったですね。まぁ、ヤンチャといっても、外で夜の7、8時まで遊んでいるという程度で、誰かに迷惑をかけることはなかったですから。振り返って考えると、そこが反抗期だったのかなというくらい、親に反発したりすることはなかったです。父親は九州男児で亭主関白なところがあり、ノリも体育会系でしたけど、子どもを叱るときに叩《たた》くようなことはしませんでしたからね。

むしろ母親のほうが怖《こわ》かった。九州生まれで、いい意味で強いですし、学生のときはバレーボール部に入っていて、やっぱり体育会系。僕がちょっと悪さをすると、ビンタが飛んでくることもありましたね。といっても、それもたまのことですし、普段は優しくて、誰とでも仲良くなれる明るい人。父親も家ではなにもしない感じですけど、外では社交的でおしゃべり好き。僕の人見知りはどこから来たのかな……。

きょうだいは、2歳下の妹が1人います。小学生のときはよく遊びましたし、僕や父親が見ているテレビの野球中継を一緒に見ていたせいか、本当に野球が好きなんです。高校野球もよく見ていたし、中学生のときは、「高校に入ったら、野球部のマネージャーになって甲子園に行きたい」と話していたほど。しかも、最初は僕と同じ福岡工業高校に入ると言っていて、「それだけはやめてくれ！」とことわりました。だって、絶対にまわりにイジられますからね。

結局、妹は頑張っていたバスケットボールの道を選んで別の高校に進学したんですけど、それで正解だったと思います。けっこう運動神経も良かったですし、身長も高くて、僕が低かったとはいえ小学生、中学生のときは抜かれていましたからね。僕が弟みたいな感じでした。大学にもバスケットボールの能力を評価されて入れたみたいですから、正しい選択ですよね。野球も変わらず好きで、以前は「プロ野球選手と結婚したい」と口にしていましたけど、妹が同業者と結婚するのは抵抗がありますから、「やめておけ」と「アドバイス」しておきました。今はそういう考えはなくなったみたいなので、安心しています(笑)。

家族みんなが運動好きという中島家で、両親には強制されるようなこともなく、伸び伸びと育ててもらいました。

チェンジ

小学4年生のときに野球チームをやめてから、楽しくすごしてはいたものの暇《ひま》もできてきて、少し時間を持て余すようになっていました。そんなとき、たまたま地域のソフトボール大会に呼ばれて試合に出してもらいました。野球チームをやめて1年たたないくらいの、ちょうど5年生になったころでしたね。野球ではなかったですが、久々のちゃんとした試合は、やっぱり楽しかった。

ソフトボールも面白いなと思っていると、僕のプレーを見ていた「ひばりが丘チェリオ」の監督が、「良かったら、うちのチームにおいでよ」と声をかけてくれました。そのソフトボールチームに入っていた仲のいい友だちも「一緒にやろうよ」と背中を押してくれて、またユニフォームを着ることになりました。

僕らのときは小さなリーグ戦がメインで、練習も時間は短く、週3日くらい。それ以外の日は友だちとも遊べて、僕にとってはちょうど良かった。本当に楽しくプレーするという感じだったんですけど、メンバーも揃《そろ》っていて福岡県の大会で準優勝くらいまで行ったんじゃなかったかな。僕は1番とか2番を打たせてもらっていたのですが、ソフトボールは打席から一塁までの距離が野球より近いので、当時から足を生かして内野安打を稼いでいましたね。

それなりには打てて活躍できていたので、小学校の卒業アルバムに載《の》せる「将来の夢」という欄には「プロ野球選手」と書いたと思いますけど、当時はまだ、僕の中では現実的ではなかった気がします。好きな球団はなかったんですが、イチローさん（現マイアミ・マーリンズ）に憧《あこが》れて「イチローモデル」のバットを買い、振り子打法をマネしてみたりもしました。父親がファンだった巨人の試合中継も、テレビでよく見ていました。でも、プロ野球選手はあくまで「なれたらいいな」くらい。それよりも強く願っていたのは、甲子園出場でした。試合はもちろん、その日の出場チームのドキュメントも見られるテレビの『熱闘甲子園』を見て感動していましたし、聖地と呼ばれる球場でプレーしてみたいという思いは強くありました。

そして、それが僕の野球人生を変えました。ここまで書いてきたように、小学生までは楽しむだけでそこまで真剣には野球をしてきませんでしたが、中学生になって入るチームを考えたとき、「甲子園に行くために、厳しくても強いところでやりたい」と再スタートを切ったんです。中学校の部活でも良かったのですが、上を目指そうというよりは楽しくやろうという感じに見えたので、硬式野球のクラブチームに行くことにしました。候補が3つあった中で、厳しいチームと言われていた「宇美スターズ」を選びました。

ここから野球漬《づ》けの生活に切り替わりました。練習は週に5日。平日は中学校が終わってから直接、練習に行くことは決まりで許されていなかったので、一度、家に帰らないといけなかった。前述したとおり、家は山の中腹《ちゅうふく》にあります。練習に遅れないように、上り坂を自転車でブワァーと漕いで、いったん帰宅。中学校と家もけっこう離れていて、帰りは30分くらいかかりましたね。家で練習着に着替えてグラウンドまで行って、練習は夕方4時から夜8時くらいまで。まだ体力がなかったこともあって、このころの練習がいちばんきつく感じました。ヘトヘトになっているのに、家への帰り道には、またも上り坂が待ち受けている。つらかったですね。

でも、あれで相当、鍛えられました。

ボールも硬式球になりましたが、それまでやっていたソフトボールの球よりも小さくて軽いくらいなので、あまり戸惑いませんでした。軟式から硬式に転じたほうが、ボールは大きく重くなるので、違和感は大きいんじゃないですかね。ピッチャーとバッターの距離も遠くなって最初はボールが遅く感じてタイミングが取れませんでしたけど、すぐにつかめるようになりました。軟式からだと速く感じて、そっちのほうが慣れるまでに時間がかかるでしょうから、ソフトボールをやっていて良かったです。

ただ、宇美スターズは県内でも強いチームと言われていましたから、レベルは高かったですね。中学1年生のときはそんなに試合に出られませんでした。

徐々にショートとして使ってもらえるようになるのは、2年生になってから。打順はやはり1、2番が多かったと思います。目標にしていたのは、当時ホークスで活躍し、今はアメリカで人気選手としてプレーしている川崎宗則《むねのり》さん（現シカゴ・カブス）。左打ちのショートで、体の線は細いけど足が速い。共通点が多かったので、「川崎さんみたいな選手になりたい」と思っていました。

僕らの代はいい選手が集まっていると言われていたものの、良くても県大会のベスト8止まり。宇美スターズが加盟していたフレッシュリーグは全国大会がなく、九州大会が頂点。各県のベスト4までしかその九州大会への出場資格が与えられていなかったので、いつもあと一歩のところで悔しい思いをしていたのでした。

感謝

監督の川津政文《かわづまさふみ》さんは厳しい方でしたけど、大切なことをたくさん教えてくださいました。野球の知識、技術的なことだけでなく、礼儀とか、集合時間の30分前に集まるとか、人としてどうあるべきかということも学ばせていただきました。

試合で気がゆるんでいたりして変な負け方をすると、みんなで正座して反省させられたり、誰かが問題を起こせば全員が罰を受ける。当時のメンバーが集まると必ず「あのときはヤバかったよな」と話が出るのが、2年生のときの「合宿遅刻事件」!!

まぁ、事件っていうほどのものじゃないですけど(笑)。

合宿初日、集合時間を30分勘違いした2人の仲間が現れず、川津監督はもうメチャメチャ怒っている。僕らももう、気が気じゃない。「早く来いよ！」と心の中で叫んでいると、遅れていた2人が登場。しかし、すぐに異変を察知し、顔を強張《こわば》らせながらあわてて駆け寄ってくる。2人が着いた瞬間、「なにやってんだ！」と、川津監督の愛のムチが飛びました。怖かったですね。でも、それで終わりではなかったんです。

「おまえら、走っておけ！」

2人だけではなく、全員です。多少は休憩《きゅうけい》もあったと思いますが、延々とランニングメニューが続く。1時間たっても終わらない、2時間たっても終わらない。結局、3時間くらい走ったと思います。中には吐いてしまうやつもいましたね。あまりにしんどくて「なんで、遅刻していない俺たちも一緒に走らないといけないんだよ」と思いましたけど、そこは連帯責任なんですよね。

野球はチームスポーツで、1人ではできない。自分がいい加減なプレーをすれば、チームに迷惑をかけてしまう。言動だったり、考え方だったり、私生活と野球はつながっていると思います。（西川）遥輝なんかは僕を「クソまじめ」と言ったこともありますけど、常に責任の取れる行動をしなくてはいけないと思っています。そのことに早いうちから気づかせてもらったのは大きかったですね。練習が終わったら、みんなで頭を五厘《ごりん》刈りにもしたんですけど、今となればいい思い出です。

あと、マメチェックも戦々恐々《せんせんきょうきょう》でした。川津監督は、僕らが家とかでちゃんとバットを振って手にマメができているかを、抜き打ちでチェックするんです。練習後のグラウンド整備中に、「今日は手を見るぞ」と言われ、マメができていないときは見つからないように鉄の棒で擦《こす》ったりして作ろうとしました。でも、手の皮が軟らかいから、すぐバレる。野球に限らず、どんなことでもそうでしょうけど、見られていなくてもサボっていれば、わかる人には見抜かれてしまう。でも逆に言えば、しっかりやっていることも伝わるんです。なので、練習で疲れている日以外、休みの日でも数は多くなかったですけど、素振りをしていました。

そして、川津監督の教えで最も体にしみ込んでいるのが、感謝することの大切さです。いつも両親や仲間、協力してくれる周囲の方々への「感謝の気持ちを忘れるな」ということをおっしゃっていましたし、監督自身が、マークのところに「感謝」と大きく刺繍《ししゅう》された帽子をかぶっていました。だから、練習中も、話を聞くときも川津監督を見れば、感謝という文字が目に入ってくる。思春期の中学生くらいの年齢だと、素直に感謝するというのはなかなかできないものですけど、自然とそう思えるようになった気がします。今でもサインを求められた際などに、「座右《ざゆう》の銘《めい》」も書いてくださいと言われれば、「感謝」と書いています。

チームが変わったり、野球をやめたり、ソフトボールをしたりと一直線の道ではありませんでしたが、人の縁《えん》に恵まれて、歩みを再開できました。その後も現在の場所へとたどり着くまでには、この人はなんで僕のためにそこまでしてくれるのだろうと感じるときが何度もありました。

理由はわからないのですが、もし1つ挙げろと言われれば、感謝の気持ちを大事にできているからなのかもしれません。自分で言うのはおこがましいのですが、それを忘れてしまったら、誰も力を貸してくれなくなると思うんです。

これからも感謝する気持ちを持ち続けていたいです。

私が見た「中島卓也」の素顔

COLUMN

SHO NAKATA

中田 翔 内野手

「リーダーとしての資質は僕以上。もっと引っ張っていってほしい」

振り返れば、卓とは二軍時代の苦しい日々をともに乗り越えてきた仲です。卓が入ってきた2009年ごろは僕もまだ内野の若手でしたから、毎日、全体練習が終わったあと、ずっと一緒に特守でノックを受けていました。1時間なら短いほうで2時間くらい続いたこともありましたからね。本当につらかったです。それでも卓は音《ね》を上げることなく、1球、1球、必死に食らいついていました。そうした野球に対して熱心に取り組む姿というのは今も変わりませんね。

すごくかわいがっている後輩の1人ですし、愛嬌《あいきょう》があって裏表がない。年齢は1歳しか違わないんですけどね。遥輝なんかもそうですが、卓とも練習前とかにはよくふざけ合っています。ロッカールームの席もとなりなので、ちょっとイタズラしたりすると、卓もイジってくる。そういうのもかわいいところですかね。

先輩に対して委縮《いしゅく》してしまう部分がある選手もいるでしょうけど、変な壁は作らないほうがいいと、僕は考えています。僕も若いとき生意気だったのに、稲葉篤紀《あつのり》さん（現北海道日本ハムスポーツ・コミュニティ・オフィサー）や小谷野《こやの》栄一さん（現オリックス・バファローズ）ら先輩たちにそういうふうに接してもらって、かわいがっていただいた。やっぱり明るい雰囲気を作りたいし、後輩によけいな気づかいをさせないほうが、長い戦いをしていくうえでチームにとってプラスになると思うんです。

それはファイターズのいい伝統として残していきたい。後輩から気さくに「メシ連れていってくださいよ」と言われれば、素直にうれしいですからね。

僕は後輩と食事に行くときは、基本、全員まとめて連れて出ます。ひんぱんというわけではないですけど、16年シーズン前の春季キャンプでも一度行きました。もちろん卓もその中のメンバーに入っていました。僕は飲みに行くときは全力で飲みますけど、卓はそういうタイプじゃないですね。そろそろダメだなと思ったら、自分でちゃんとストップをかけられる。きれいな飲み方をしますね。

それから、ほかの後輩たちと同じように、卓も僕の家に来たりします。僕の娘もかわいがってくれます。娘もみんなと遊んだりするのを本当に楽しんでいて、球場にもよく連れていくのですが、卓はいつも娘に声をかけてくれますね。そういう優しさや気づかいは、すごくありがたいです。

野球でも、生活面でも変に「バカまじめ」なところがありますし、ファンの方は想像しにくいかもしれませんけど、すごく頑固《がんこ》。でも、僕は逆にそれがいいと見ています。自分がこうと決めたら、こう。誰がなんと言おうが、「いや、僕はこうです」という意見をはっきり言える。あの顔とは裏腹に、とにかく頑固。我《が》の強さでいったら、チームの中でも上のほうですね。もちろん、自己中心的に我を出すというのではないですし、後輩ですけど、そういうところは尊敬できます。

僕は相手に自分のほうからアドバイスをしたりというのはしないようにしていて、聞かれて教えるときも僕自身のことで言えるようなことはないので、稲葉さんだったり、結果を残された方々から聞いた話を、そのまま伝えています。「おまえ、もっとこうしろ、ああしろ」じゃなくて、「こういう選手は打撃が不振のときに、こんな練習を取り入れて良くなったらしいぞ」という具合に。ただ、卓に関しては、僕にアドバイスをもらいに来たことはないです。卓は自分の考えを貫き通すタイプなので、バッティングの調子が悪いときだけでなく、いいときでも朝早くから札幌ドームに来て打ったり、コツコツとビデオを録《と》ってフォームの確認をしたり、そういう光景をよく見ますね。そうやって成長してきて、今はチームの先頭に立つような選手になってきたなと感じます。試合中ももちろんそうですし、ほかのことも含めたトータルで見ても、みんなを引っ張っている。チームをまとめることに関しては僕なんかよりも資質があると思います。

女性ファンの人気もナンバーワンでチームの顔の選手の1人ですし、ファイターズの一軍の現状を見ると、卓よりも年下の選手がかなり多くなっている。卓には、チームをもっともっと引っ張っていけるような選手になってもらいたいですね。

NIPPON-HA
FIGHTERS

loveSport

FIGHTERS

第3章 結ぶ

黄金世代

中学3年生の秋、僕は本当に悩んでいました。トイレに行ったり、フッと考える時間があるたびに、「高校、どうしようかな」と思案していました。

当初の希望は東福岡高校でした。甲子園を狙《ねら》える強豪校ですし、実際に練習を見に行くと、設備や環境なども充実していて、こういう高校で目一杯、野球に打ち込みたい、そう考えていました。でも、父親は自分の母校である、佐賀県の伊万里《いまり》商業高校をすすめてきました。父は、高校時代に注目選手として新聞に載《の》ったこともあったみたいですし、本気で甲子園出場を目指していて、晴れの舞台への思い入れは強かったようです。僕を「プロ野球選手にしたい」とまで考えていたかは定かではないですが、「甲子園に行ってほしい」というのはあったはず。「佐賀は地方大会の参加校が福岡より少ないから、出られる確率は高い」という話もしていました。夏はいつも伊万里商業を応援しに佐賀まで一緒に行ったたし、息子が母校で甲子園に出たらうれしいでしょうから、気持ちもよくわかりました。ただ、僕は地元・福岡県内がいいという気持ちが強く、伊万里商業は考えられませんでした。

しかし、東福岡は「育英奨学生（特待生）で」とは言ってくれたものの、学費の免除は一部という条件。授業料など全額免除となる枠はもう埋まってしまっているとのことでした。僕は中学時代にそこまでの実績を残せていなかったので、それでもありがたい話でしたが、学費が高いですから、それでは親に負担をかけてしまう。

「東福岡か、県内のほかの高校か」

2か月くらい、ずっと決められずにいました。そんなとき、県立の福岡工業高校からスポーツ推薦の話をいただきました。川津監督は福岡工業の森山博志《ひろし》監督（当時）と仲が良く、いい高校だとすすめてくれました。家から遠かったのですが、公立ですし、その中ではいちばん強い高校で甲子園も狙えるというのが最大の決め手になって、最後は福岡工業への進学を決めました。

強豪校だけあって入部希望者も多く、僕らの代も30人くらい。でも、人数が多すぎると練習が効率的に行えないため、入部してすぐふるいにかけられるんです。最初は1周約1㎞の学校の外周をひたすら走らされたり、基礎体力をつけるためのしんどい練習ばかり。2か月ほどはボールを触れませんでした。新入生はどんどん減っていき、最後は23、24人。推薦で入ったのに、やめてしまった同級生もいました。厳しいですが、中途半端な気持ちでは、3年間やりとげられないですからね。

最初の試練を乗り越えても、今度は3年生のレベルの高さに驚かされました。肩が強い人もいたし、足の速い人やバッティングがすごい人もいた。一緒に練習していて、「高校3年生はやっぱりすごい」と思いました。僕が1年生のときの２００６年の夏の大会は当然ベンチにも入れなかったのですが、そのすごい先輩たちでも、北部、南部、それぞれ8校が勝ち上がれる地区大会の「南部大会」は突破したものの、県大会初戦となる5回戦で戸畑《とばた》高校に負けてしまった。甲子園に行くのは簡単ではないと知りました。

3年生が抜けて新チームになると、練習試合で内野だけでなく、外野でもちょこちょこと出させてもらうようになり、秋の大会はレギュラーではないですけど、ベンチ入り。その後、公立大会や市長杯など大会によってはスタメンで出ることも増えていきましたが、春や夏といった大事な大会ではベンチを温めることが多く、レギュラーになったのは自分たちの代になった2年生（07年）の秋からでした。

代が変わる前の07年夏の大会は、飯塚高校に負けて前年に続き5回戦で敗退したのですが、僕らの代は力のある選手が揃《そろ》っていたため、新チームは例年以上に期待されていました。ピッチャーの三嶋一輝《みしまかずき》（現横浜DeNAベイスターズ）は2年生時の夏もすでに実質エースで、キャプテンでキャッチャーの眞鍋馨《まなべかおる》も正捕手としてマスクをかぶっていた。ほかにも、足の状態が悪かったセカンドの先輩との途中交代や代走などで試合に出ていた僕も含め、ベンチ入りしていた2年生が何人かいて、「黄金世代」と呼んでくれた関係者もいました。僕ら自身も言っていましたけど（笑）。

監督の森山先生は、夏に負けた飯塚高校との練習試合を何度も組みました。悔しさもあったでしょうし、負けたことを払拭《ふっしょく》したいというのもあったんじゃないですかね。でも、ことごとく返り討ちにあいました。夏は僕らとの試合では投げてきませんでしたが、飯塚の新チームでのエースは辛島航《からしまわたる》（現東北楽天）で、その練習試合ではなかなか打たせてもらえませんでした。球がすごく速いわけではなかったですけど、コントロールと球のキレ、スライダーが良かった。僕も打った記憶は残っていない。当時からいいピッチャーで、彼を擁《よう》する飯塚は強敵でしたね。

ただ、最大のライバルとして意識していたのは、やはり東福岡高校でした。07年夏に県大会を制して甲子園に出たスタメンのうち、7人が僕らと同世代の2年生。それと、私立には負けたくないという意地もありましたからね。また、個人的にも行きたいと考えていた時期があった高校ですし。でも、翌08年春のセンバツ甲子園出場への足がかりとなる秋の南部大会は、東福岡と対戦する前に沖学園高校に惜敗。沖学園は同大会で優勝したように強いチームでしたが、どちらが勝ってもおかしくない試合だっただけに、ショックは大きかったです。

しかし、秋の大会で負けて、みんなが悔しさを持って冬の練習に臨んだことが、その先の結果に結びつきました。朝練は普段からあるのですが、冬場は寒いのでとくにきつかった。僕の家から学校までは1時間くらいかかったので、起きるのは朝5時。朝食を少し食べて、5時半には家を出る。駅まで、父親か母親に車で送ってもらい、5時45分発の始発電車に乗って学校に向かうのが日常のパターン。それでも休むことなく続けました。でも、弁当も作ってくれていた母親が、いちばん大変だったと思います。両親には本当に感謝しています。

厳しい冬を耐え抜いて手ごたえもありましたし、春季大会は負ける気がしなかったですね。それに負けられない理由もありました。森山先生が3月いっぱいで監督をやめることになったんです。公立高校なので先生の異動は致し方がないのですが、春の九州大会への出場権もかかった福岡南部大会が、一緒に戦える最後の公式戦。決勝は08年3月31日。優勝して森山先生を送り出そうと、みんなが一致団結していました。

森山先生は自主性を伸ばすためには言われたことをただこなしているだけではダメというのが指導の根幹にあって、頭ごなしに、「こうしろ、ああしろ」ではなく、僕らに意見を出させる監督でした。まだ高校生で未熟ですから、理屈を説明されて否定されることばかりでしたが、いつか認めてもらいたいと、自分たちで考えながらやっていました。大会のメンバーや試合での打順なども、まずは自分たちで決めます。キャプテンとピッチャー、キャッチャー、内野手、外野手のそれぞれの代表者に、1学年下の世代のまとめ役も加わり、話し合う。そして、僕らがまとめた結論について森山先生と意見交換し、最後は監督が決定していました。そういうのはすごく良かったですね。選手同士だからわかることもある。こいつは見えないところでしっかり練習しているとか、していないとか。とくに夏の大会は、技術よりも、いつも声を出してくれていたり、練習をしっかりしているといった選手が、1人か2人、メンバーに選ばれたりする。選ぶほうも、選ばれるほうも責任感を持つようになりますし、いいやり方だったと思います。

また、部員は日々の良いことと悪いこと、反省や改善点を書く「野球ノート」を提出していました。この「野球ノート」はプロ入り後の今もつけています。

ほかに、しゃべるというのも重要視されていました。毎日、練習が終わったあとにミーティングをしたんですけど、必ず3年生、2年生、1年生の中から1人ずつ、今日はどうだったか、次の日はどうしたいかなどを話す決まりになっていた。それは野球のためだけでなく、いつも「自立した人間になれ」とおっしゃっていた森山先生が、「人前でも思っていることを話せるように」という、野球をやめたあとのことも見据《みす》えて取り入れてくれたものでもありました。僕は副キャプテンをやっていたものの、しゃべるのは苦手。いつ指されてもいいように、話す内容をずっと考えてはいましたけど、「絶対に指名しないで」と、祈ってばかりいました(笑)。

野球の技術面でも、打撃はいろいろと指導していただきました。ただ、当時から自分なりに確立していたものも少しはあった守備のほうは、あまり言われなかった。珍しいと思いますが、僕は打撃より守備が好き。守備練習ばかりやっていました。もっと打てるようになりたいというより、守備が上達したかった。今、振り返れば、打撃は来た球を打っていただけで、守備のほうがよほど頭を使っていましたね。

成果

僕らを成長させてくれた森山先生のためにも負けられない福岡南部大会は、順調に3月31日の決勝まで勝ち進みました。相手は東福岡高校。これ以上ない舞台が整いました。しかし、試合は初回に2点を先制して主導権を握ったものの、7回に追いつかれて、最後は9回サヨナラ負け。悔しさでいっぱいでしたけど、まだ大会は終わっていなくて、南部2位校は北部2位校と戦って勝てば、県3位校として九州大会に出られる。ともに戦えなくても、九州大会に出て森山先生への恩返しにしたい。部長から監督となられた下見世宏樹《しもみせひろき》先生の初陣《ういじん》でもあり、前を向きました。

自由が丘高校との3位決定戦は、1対0。完封した三嶋の投球が光りました。あいつも冬場にみっちり走り込んで変わったんです。その成果は九州大会でも発揮され、初優勝の原動力になってくれました。全5試合中4試合に登板し、34イニングで50奪三振。すごかったです。

僕もこの九州大会は調子が良くて、けっこう打ちましたし、高校時代の中では最も印象に残るプレーも、開催地・長崎県の清峰《せいほう》高校と当たった1回戦で出せました。8回を終わって3対0でリード。ただ、試合の早いうちから清峰のバッターはほとんどと言っていいほどバットを振らず、三嶋に球数を投げさせる作戦を取ってきていたんです。そのため三嶋も、終盤はバテてきてフォアボールやヒットを許すようになり、9回は1点を返されて、なお二死満塁の大ピンチ。かなりいやな流れでした。その土壇場で、今でも忘れられないビッグプレーを仕掛けました。ショートの僕が二塁ベースへ入る動きに合わせ、キャッチャーがサインを出す。それを見た三嶋が絶妙のタイミングで僕に牽制球《けんせいきゅう》を投げ、タッチアウトで試合終了。ここ一番のために僕らはこの牽制を日ごろから練習していて、自信があったんです。相手は、まさか二塁に牽制が来るとは考えていなかったと思います。この勝利でチームは勢いに乗れましたし、準備しておくことの大切さを実感したプレーでした。

グラウンド外の出来事でも、覚えていることがあります。長崎での開催で僕らが泊まっていたのは古いホテルでしたが、またもぶつかった東福岡との準決勝で勝ったあとは、彼らが宿泊していたホテルに移ることになったんです。そこがむっちゃいいホテル。「県1位は、こんなきれいなところに泊まっていたのか！」と衝撃を受けましたし、テンションも上がりました。それも優勝につながりましたかね（笑）。

九州王者になれたことで、漠然《ばくぜん》としていた夏の甲子園が近くに感じられるようになりました。みんなも手ごたえがあったと思いますし、夏の県大会について、東福岡との一騎打ちという書き方をしていた新聞もありました。それだけに、九州国際大付属高校との5回戦での敗戦は、まさかでしたね。流れをつかみきれない試合でした。

相手先発投手の二保旭《にほあきら》（現福岡ソフトバンク）から2回と5回に1点ずつ取って、

序盤はリード。ただ、途中で代わって出た2番手投手からもチャンスはかなり作っていたのですが、あと1本が出ない展開でした。三嶋も春季大会の疲れがあってか腰の状態が悪く、痛み止めを打ちながら投げていた。6回に同点に追いつかれ、7回を投げ終えて交代。試合は延長に入り、14回、相手の1年生4番・榎本葵《えのもとあおい》（現東北楽天）がサヨナラ2ラン。打たれた瞬間、「終わったわ」と思うような当たりでした。

やっぱり、涙が出ました。悔しかった。でも、やりきれた感覚もあったので、立ち止まることはありませんでした。みんなも同じだったのか、バスの中ではもう「今日の打ち上げ、どうする？」って、夜の予定を話し合っていました。確か、食べ放題の焼肉に行ったと思います。そのあとはボウリングに行ったのかな。本当に仲のいいメンバーで、今でも年末は福岡で集まります。三嶋もそれに合わせて帰ってくる。いい仲間に恵まれました。

ちなみに、地元に帰ったときは必ずラーメンを食べますね。札幌もラーメンは有名で美味《おい》しいお店が多いですけど、福岡で生まれ育った僕は、やっぱり長く慣れ親しんだ味の豚骨《とんこつ》・細麺《ほそめん》派《は》。ちょこちょこ行かせていただくのは、在学はかぶってはいませんが、高校の先輩がやっている「屋台おかもと」という長浜ラーメンのお店。テレビなどでも取り上げられる人気店で、みなさんにも自信を持っておすすめできます！

高校時代は、学校生活も充実していました。学業の成績もいいほうで、40人くらいのクラスで常に10位以内。勉強も頑張っていたと勘違いされそうですが、国語や数学や英語といった普通教科は、すごく簡単でした。テストは、事前に紙で渡される例題集をしっかりやっておけば解ける。数学の試験なら、数字が例題と変わるだけなので、難なく100点が取れるんです。ただ、工業高校ですから専門教科があって、それが難しい。僕は機械工学科だったので、機械系や電気系に、設計もやりました。資格も1年生の前半に、さっそく取らないといけないものがあった。「危険物取扱者乙種」の「4類」や「6類」という国家資格も取得しましたが、これは難しかったですね。卒業後、役に立ったことはないですけど(笑)。

学校行事でいちばんの思い出は体育祭。機械科とか、建築科とか、3学年が科ごとのチームに分かれて勝負します。3年生が1、2年生を仕切って優勝を目指すため、生徒だけでなく先生も熱くなる。工業高校なので、クラスのバックボード（生徒席の後ろなどに飾るパネル）作りや待機場所の設営など、みんな自分たちで行います。9月の終わりとか10月に開催されるのですが、夏休み中の8月から準備を開始。最後の夏の大会が終わって高校野球に一区切りついたあとの3年生のときは、毎日のように集まって話し合いました。この体育祭は2日間にわたって催され、地元では名物です。周囲の女子校の生徒も見に来るから、男子はみんなアピールします（笑）。僕は足が速かったですし、競い合いとなると熱くなるのでけっこう張りきっていましたけど、そっち目当てではなかった。1年生のときはそんな余裕がなかったし、2、3年生のときは校内に付き合っていた彼女がいたので。

うちの高校はクラスによって科が異なっていて、勉強する内容も違う。だから、3年間、クラスメイトが変わらない。学校自体、工業高校なので女の子は少ないのですが、僕のクラスは女子0人の男子クラス。彼女は別のクラスの子でした。クラス対抗バスケットボール大会があって、自分の出番がないときになんとなく女子の試合を見ていたら、その子がプレーしていたんです。かわいい子だなと一目惚れ《ひとめぼ》れ。たまたま野球部の女子マネージャーがその子と同じクラスで、「あの子、かわいいよね」という話をしたら、紹介してくれて仲良くなり、自分から告白しました。付き合うといっても、野球部の練習は毎日あって土日も試合があるので、どこかに行ったりということもほとんどなかった。水曜日の放課後練習と木曜日の朝練は休みなので、水曜日の学校終わりに、福岡市内の繁華街の1つである天神《てんじん》とかに行ったりする程度でした。2年生の夏の大会が終わって新チームになったくらいから卒業まで付き合いました。うちの学校は恋愛OKでしたが、その子の2年生のときのクラス担任が当時野球部監督の森山先生。「おまえら、付き合っているらしいな」と言われたりして、なんか気まずかったですね。しかも、その子が3年生のときは、後任監督の下見世先生がクラス担任になったので、「最悪や～」って思いました(笑)。

エッ

高校卒業後は大学で野球を続けるつもりでした。地方の大学からはいくつか推薦のお話もいただいていて、いちばん熱心に見に来てくれていた大学に行く気でいました。違う高校に異動してからも気にかけてくれていた森山先生には「おまえは東京の大学に行ってこい」と言われましたが、甲子園組が集まるところだと思っていたので自信がなく、考えられませんでした。ましてやプロなんて、まったく別世界の話。

ところが夏休みのある日、遊んで帰ってきて夕食を食べていたら、両親が「大事な話があるから、早く食べちゃって」と言ってきたんです。なんのことかわからず、「エッ、普通に食べさせてよ」と渋ると、待ちきれなかったのか、話を切り出してきました。

「今日、下見世先生から、『日本ハムのスカウトの方から連絡をいただき、卓也君の指名を考えていると伝えられました。プロ志望届を出してみたらどうですか』と言われた。出してみたらどうだ？」

エッ!! マジで?? 嘘《うそ》でしょ!? 持っていた箸《はし》が止まりました。ゆっくり食事している場合じゃないじゃんって(笑)。

実は一度、担当スカウトの岩井隆之さんが高校のグラウンドにいらしたことがありました。08年春の九州大会が終わったあと、練習中に下見世先生に呼ばれて「今日、日本ハムのスカウトの方が来られているぞ」と言われました。そのころは三嶋を見るために、多くのスカウトの方が来ていましたから、別に珍しいことでもないし、なんで僕にそんなことを言うのかなと思いながら「ああ、そうなんですか」と気のない返事をすると、「三嶋じゃなくて、おまえを見に来たんだよ」と告げられました。エッ!! ここで初めてプロを現実のものとして意識しました。でも、それから夏の大会まで岩井さんが来ることはなかったので、そのことは次第に忘れていき、いつのまにか頭から完全に消え去っていました。

あとで知ったところによると、春の県南部大会決勝の東福岡戦で相手バッテリーを見に来ていたら、たまたま僕の守備の動きが良くて、興味を持ってくれたみたいなんです。ほかの球団のスカウトは注目すらしない僕を、岩井さんだけは目にとめてくれた。「好きな守備がうまくなりたい」という思いから地道に練習してきたことが認めてもらえて、ただの偶然を「縁《えん》」に変えてくれたんです。

そして、縁は切れておらず、結ばれていた。ドラフト当日も指名されるか不安でしたし、5位で自分の名前が読み上げられても実感はわかなかった。記者会見で感想などを聞かれているうちに、「プロになれるのかな」と少しだけ思うことができました。

私が見た「中島卓也」の素顔

COLUMN

田中賢介 内野手

KENSUKE TANAKA

「毎年、卓の誕生日に買うケーキへのリアクションが年々…」

卓とは2011年シーズン前の自主トレを一緒にやってからの付き合いですが、最初は高校生みたいに細くて、体重も60kg台。「この体では、プロ野球の中で生きていくのは厳しいんじゃないか?」と思いました。それとバッティングも全然でした。

その半面、守備は絶対にうまくなるだろうなと思わせるくらい、しっかりしていた。あとは体力と経験だけというレベルでした。足も速かったですし、体を作って、動きがある程度できるようになれば、一軍でも活躍できる。そう感じました。

そのときまで話したこともなかったんですけど、同じ福岡県出身ですし、卓の入団会見のときだったかな、僕と「二遊間を組みたい」と言ってくれたことも知っていました。それで、少し気になっていたんですね。

僕の自主トレに連れていってほしいと言ってきてくれたこともうれしかったですし、接してみると、純粋で性格もかわいい。早いうちから中途半端なことは言えないし、きちんと計画性を持ってアドバイスしないといけないと思うようになりました。

まずは、トレーニングのやり方を基本から教えました。筋力をつけるのは簡単ですが、それを野球に結びつけるためにとなると、ただやっているだけでは足りないんです。でも、16年シーズンの前の自主トレで卓は6年目になって、だいぶ野球のための体力がつきましたね。それから卓には、「守備ができて、足が速い左バッターは、フォアボールをしっかり選んで、バントと盗塁ができるようになれば、一軍の戦力に必ずなれる。まずはそこを目指して、チャンスが来たときにレギュラーを取れるように」ということもずっと話していました。それがいちばん、レギュラーを取りやすいパターンですからね。

実際、卓はそういう歩みで来ていますが、いい意味でマイペースなので、まわりに流されない。自分でやると決めたことは貫き通す。ブレなかったから、今があると思います。結果が出ていなければ、どうしてもまわりからいろいろなことを言われますし、それによってやり方を変えたり、違う方向性を模索したりするものですが、卓は芯《しん》の部分は変わらない。それは想像以上に難しいことなんです。そこは彼の強さですし、これからも変わらないでもらいたい。

あと、理想の選手像として僕を挙げてくれているんですけど、それはやめたほうがいいと思いますね（笑）。うれしいですけど、もっと上を目指してほしい。

それと自主トレ中にボソッと「そろそろ結婚したいな～」と言っていたのですが、女性ファンが残念がるかもしれませんし、まだ早いでしょう。参加メンバー全員で、「やめとけ、やめとけ」とツッコミを入れました（笑）。オフとかに結婚している選手の家族や子どもを見ると、「自分も」となるみたいですけど、もう少し先でいいんじゃないですかね。そういえば15年8月に、僕が卓とのコンビのことを「新婚1年目みたいなもの」と言ったら、そのフレーズを印刷した球団の公式グッズまでできてしまったこともありましたね（笑）。

今は野球の成績も伸びているところでもありますし、今後はチームのリーダーになっていってほしいという期待もある。一軍には卓と年齢が近い選手が多いですし、そのあたりの世代に必ずリーダーが必要になる。卓はマイペースといっても、チームの和を乱したり、自分だけ勝手な行動をとるわけではなく、みんなと協調できますからね。言葉で引っ張っていくタイプではないですが、卓の背中を見て、若い選手たちが奮起する。そういう姿も、僕はよく目にしています。周囲に影響を与えられるだけの成績を毎年残して、チームを牽引《けんいん》する選手になってもらいたい。僕も、先輩から受け継いできたファイターズのいい伝統というものを、少しずつ伝えていこうと思っています。

本当にすごく慕《した》ってくれて、僕にとって弟みたいな存在です。卓の誕生日は自主トレ期間中の1月なので、20歳のときから毎年、ケーキを買ってお祝いもしています。自主トレでの恒例行事ですね。ただ、もう5回も6回もやってくると、卓も慣れてきた感じで、リアクションも薄くなっているような……。まぁ、こっちも惰性《だせい》で買っていますけどね（笑）。

Slugger

Slugger
9
Takuya

NPB
PRO MADE
MADE IN JAPAN

ホクレン
NH
Nipponham
ニトリ

がんばろう!
日本
9

FIGHTERS

FIGHTERS

9

空
TAKUYA

がんばろう!
日本

北海道新聞

北海道新聞

ニトリ

FIGHTERS
FIGHTERS

NAKASHIMA
9

FIGHTERS

FIGHTERS

NAKASHIMA
9

NAKASHIMA
9

FIGHTERS

FIGHTERS

With B・B

チームマスコット

B・Bとの思い出写真集

写真協力（P96～98）：北海道日本ハムファイターズ

私が見た「中島卓也」の素顔 番外編

COLUMN

チームマスコット

B・B

「僕の中島選手のモノマネや、冗談にも、いつも優しく付き合ってくれます」

マスコットとしてチームやファンを盛り上げる僕と、中島卓也選手の共通点は、「いっしょうけんめい」なところかな、なんて思ったりしています。僕は試合前に選手たちと接する機会が多いのですが、中島選手はいつも黙々と準備をしていますね。外野のほうでウォーミングアップをしたり、ベンチ前で素振りを繰り返したり。すごく集中しているので、タイミングやチーム状況なども考えながら、今は平気かな、というときには絡《から》みに行ったりもします。そんなときでも、いやがるそぶりも見せずに反応してくれますね。

僕は選手の打撃フォームなどのマネが得意。中島選手はバッターボックスでのしぐさに特徴があるので、素振りをしているときに、彼の前に行って、マネを見せたりします。バッターボックスに入ったら、まず1回、ヒザを大きく曲げて体を沈み込ませる。そして重心を低くして構えるんです。

それから彼の代名詞「ネバネババッティング」。カットしてファウルにする姿もマネします。実際にはボールはないんですが、思いきり振らずに差し込まれた感じでバットを軽く振る。ほかにも中島選手に打撃指導をする感じで、「もっと脇を絞らないとダメだよ」とか、「腰を入れて」みたいな動きを冗談でするときもあるんですが、それにも、「脇を絞るんだね」というジェスチャーを取ってくれたり、優しく付き合ってくれます。

人気も年々、上昇していますね。僕はスタンドを回るのでわかりますが、中島選手のユニフォーム姿のファンや、ボードを持っているファンが増えているのは間違いありません。多いのは、やっぱり若い女性。そして、子どもにも人気があります。年配の人には「理想の息子」というか、「こんな子どもが欲しい」と思わせる雰囲気がありますし、粘って粘って渋いヒットやフォアボールなど、しぶとい打撃スタイルは玄人《くろうと》好み。幅広いファン層を獲得していると思います。

ファイターズはみんな仲がいいですけど、中島選手はとくに西川遥輝選手とウマが合うようですね（クマの僕とはどうなんでしょうか？ 笑）。西川選手からはよくイタズラをされたりしているみたいです。そういえば、2015年に西川選手がアウトカウントを間違えて、2アウトなのに捕球したボールをスタンドに投げ入れてしまったことがありましたよね？ 次の打席でホームランを放って挽回しましたけど。その翌日、札幌ドームのサロンで中島選手は、「遥輝、2アウト、2アウト」と、本人に向かってしきりに言っていました(笑)。普段のイタズラへのお返しですかね。

いつも黙々と練習をしていますし、そういうひたむきさもファンの心をとらえているんでしょう。見ていて、1つひとつのことをきっちりやっているのがわかりますし、本当に努力の選手だなという印象を受けます。地道《じみち》にコツコツと頑張ったからこそ、今の活躍があるんだと思います。僕も、マスコット仲間のポリー、フレップ、カビー、そしてファンのみなさんとともにいっしょうけんめい応援しますので、中島選手も優勝を目指して一緒に頑張りましょう！

第4章

信《しん》は力

1億円プレーヤー

ファイターズに入ってからも、出会いには恵まれ続けているなと感じます。

ルーキーイヤーの2009年は前年に引退された三木肇《はじめ》さん（現東京ヤクルト作戦コーチ兼内野守備・走塁コーチ）が二軍内野守備・走塁コーチに就任された年で、三木さんとの出会いがなければ、僕の野球人生は違ったものになっていたはずです。

「まずは守備から入ろう」

そう言われて1年目の春季キャンプから、同期の杉谷拳士《すぎやけんし》と一緒に守備を基礎から教えていただきました。守備にはある程度の自信を持って入ってきたものの、新人合同自主トレ中に鎌ケ谷に来ていた飯山裕志《いいやまゆうじ》さんの守備を見て、レベルの違いを感じていました。しかも、金子誠さんがいて、飯山さんはレギュラーではなかった。こんなにうまくてもレギュラーになれないのがプロの世界なんだと思い知らされていたので、三木さんの言葉もすんなり受け止められました。

キャンプでは毎日、全体練習が終わったら特守で、特打とかはやらなかったんじゃないですかね。三木さんにサブグラウンドで股割りなど基本的なことやノックなど、遅くまで教えてもらいました。技術的な指導だけでなく、一流選手のあり方や礼儀といったことも親身になって話してくれて、プロがどういう世界かまだわからない僕には勉強になることばかりでした。

ファームとはいえ開幕戦から先発で出してもらえましたし、イースタン・リーグでチーム最多となる97試合に出場できたのも、「打てなくても守備をしっかりやろう」と言って、シーズンに入ってからもつきっきりで見ていただいた三木さんなくしてはありえなかったことだと思います。おもにセカンド、ショートで出ていたのですが、二遊間は守りがしっかりしていなければ試合に出られませんからね。当時監督だった水上善雄《みずかみよしお》さん（現福岡ソフトバンク二軍監督）も、僕の守備と走塁は評価してくれていました。

ただ、バッティングはひどかった。打率は2割1分1厘で、イースタン・リーグの規定打席に到達した選手の中では下から2番目。最初のうちはもっと打てていなくて、当時バッティングコーチをされていた荒井幸雄さんには「身長（176㎝）の数字くらいの打率は打てよ」とハッパをかけてもらったり、夜間練習のティーバッティングなどで根気良く教えていただきましたね。本当に感謝の思いでいっぱいです。

振り返ると、1年目はただ必死にやるだけでした。ファームはほとんどデーゲームですから、試合前に練習するために朝は早く起きていましたし、試合をして、終わったら特守をして、夕食をとったら夜間練習。自分の時間は、全部終わってからの30分とか1時間しかなくて、お風呂に入ってストレッチをして、もう寝ないといけない。そんな日々でした。高校までは学校の授業があって、そこで休めていましたけど(笑)、それがなくなった。毎日、クタクタになっていました。それは一軍に定着するまで、ほぼ変わらず。自分のことながら、よく耐え抜いたなと思います。きつかったですね。

でも、無理だとか、やめたいとは考えませんでした。やっぱり野球が好きで、もっとうまくなりたかったんです。つらいときも、「うまくなりたい」「一軍で活躍したい」という気持ちが萎《な》えることはなかったので、心は折れませんでした。

それと三木さんのある言葉も支えになっていました。

「おまえは1億円プレーヤーになれるよ」

そのときは自信もないし、まったくピンとこなくて、「絶対、無理ですよ」としか返せなかったんですけど、三木さんにかけてもらった言葉の中でいちばん印象に残っています。僕をやる気にさせようとしただけかもしれませんけど、自分では考えてもみなかったことを「なろう」ではなく、「なれる」と断言してもらえて、頑張ろうという気になりました。理由は言われませんでしたが、僕も聞きませんでした。すでに心に届いていましたから。

三木さんにはヤクルト時代の野村克也さんが行ったミーティングの内容がまとめてある「野村ノート」を見せてもらったこともありますし、ご自身で作られていたコーチングノートもチラッと見せていただいたことがありました。拳士と僕、それぞれに関するものがあって、段階ごとにどんな狙《ねら》いを持って、なにをして、僕らがどうなっているかといったロードマップのようなものも書かれていた。この人の言うことを信じてやっていこうと思えました。三木さんに言われたことをしっかりやる。よけいなことは考えずに頑張れていたのも良かった。15年オフの契約更改を終え、三木さんがおっしゃっていた「1億円プレーヤー」も夢の世界ではなくなってきたことには驚くと同時に、改めて感謝しています。

ともに汗を流した拳士の存在も小さくありませんでした。同じく内野手で入ってきていましたし、こいつには負けたくないと思っていました。一軍初ヒットを先に打たれたときは悔しかった。仲はいいんですけど、野球選手としてはライバル。拳士もそう考えていたんじゃないかな。そういう相手がいてくれることにも感謝しないといけないですよね。

一流を知る

満足な成績を残せたわけではないですけど、1年目からそれだけ多くの試合に出られたことは自信になりました。経験したからこそ明らかになった課題もあったし、プロとはどういう場所かというのも見えてきて、プロ野球選手としてのベースが作れた。2年目の10年は6月に足首を捻挫《ねんざ》して2か月近く試合から遠ざかりましたが、1年目と同じように守備をコツコツと磨き、バッティングに取り組む時間も増えていきました。打率は2割2分と、ほとんど変わらなかったけど、守備や盗塁の成功率が向上するなど、2年間で着実にステップアップできている実感もありました。

でも、その一方でそろそろ一軍に出ないといけないんじゃないかという気持ちも強くなってきていた。そこで考えたのは、自主トレをどうするか。1年目のキャンプ前は新人合同でやって、2年目は鎌ケ谷スタジアムで、1人で行いました。でも、それではやることがあまり変わらない。思いきって、声をかけさせていただきました。

「お疲れ様です。今、お時間よろしいでしょうか。自主トレの件なんですけど、一緒にお願いできませんでしょうか」

相手は田中賢介《けんすけ》さんです。同じ福岡県出身で、「ああいう選手になりたい」「いつか一緒に二遊間を組みたい」と思っていた憧《あこが》れの先輩。賢介さんは一軍で、僕は二軍ですから、それまでまったく関わりはなく、話をしたことすらありませんでしたから、メッチャ緊張しました。ヤバかったですね。どのタイミングで言っていいのかわからず、話しかけるまで少しオドオドして挙動不審《きょどうふしん》だったと思います(笑)。

今思えば、初めての会話でいきなりお願いするというのも失礼な話ですよね。でも、それだけなんとかしたかったんだと思います。話をしたこともない後輩の突然の申し出にもかかわらず、賢介さんは考えることもなく、快く応じてくれました。

11年1月、自主トレの地である宮古島《みやこじま》で目《ま》の当たりにした賢介さんは、なにからなにまで自分とは違っていました。技術はもちろんですが、野球に対する姿勢、考え方にも雲泥《うんでい》の差がありました。一軍で試合に出続けられるのはこういう選手なんだと、自分を変える必要性を痛感しました。

とくに体作りへの意識が一変しました。僕はそれまでウェイトトレーニングがあまり好きではなくて、前向きにはやっていませんでした。高校のときも練習メニューにありましたけど、いちおうやっていたというレベル。全然興味がなくて、野球の練習をしながらつく筋肉を重視していました。しかし、賢介さんに「ウェイトトレーニングは、正しく、いい筋肉のつけ方をすれば、野球につながる」というふうに教わり、そこから本格的に取り組むようになりました。ただ、それまでちゃんとやってこなかったので、最初はメチャメチャきつかったです。スクワットを60kgでやっていたら、「なんだ、そんな軽いの。100kgでやれ！」って賢介さんからのダメ出しが。スクワットがいちばんつらかったです。でも、いつか賢介さんみたいになりたいと思っていましたから、けんめいについていきました。

食事に対する考え方も変わりました。賢介さんは食べる量も、品数も多くて、体のことを意識しながら食事をしていました。ただ好きなものを食べて、「おなかいっぱいになればいい」という考えの僕とは、目的が違っていました。

すぐに効果が出るものではないですから継続してやろうと決めて続けてきて、この2、3年は体つきが変わったという手ごたえがありますね。

本当に賢介さんにお願いして良かったですし、今も自主トレを一緒にやらせていただいているのですが、毎年、いろいろなことを吸収できています。

賢介さんとの初めての自主トレを終えたあとの3年目の春季キャンプ。初めて一軍メンバーに選ばれました。2年目のファームでの成績が良かったわけではないので、なぜかはわからないですけど、賢介さんは自主トレ中に「おまえ、たぶん一軍だよ」と言ってくれていたんです。なんで、わかったんですかね。

キャンプでは、足と守備をアピールできたと思います。オープン戦でスライディングしたときの足の負傷で一度、二軍に落ちましたが、開幕も一軍で迎えることができました。この11年は3月11日に東日本大震災があり、開幕戦は4月12日。出番はありませんでしたが、独特の雰囲気を体で感じさせてもらいました。

プロ初出場は、その月の20日に訪れました。ほっともっとフィールド神戸でのオリックス・バファローズ戦。チームが大量リードを奪い、8回裏の守備から賢介さんに代わってセカンドを守りました。守備は自信を持っていましたから、緊張はしませんでした。打球も飛んでこなかったですしね。

でも、そのあとに大緊張の場面がやってきました。9回表に打席が回ってきたんですが、こっちは対照的にガチガチでした。ピッチャーは鴨志田貴司《かもしだたかし》さんで、結果は三振。確か、1回もバットを振らないまま終わりました。「初球から振っていくぞ!」くらいに思っていたのに、打席に入ったら、それどころじゃなかった。気づいたら、はい、終わり。一軍のピッチャーの球はすごいとか、そういうことを感じる間《ま》もなく記念すべき初打席は終了しました。

その4日後となる4月24日の東北楽天戦では、プロ初盗塁を決めることができました。左ピッチャーの片山博視《ひろし》さんだったんですけど、思いきって行けましたね。その後も代走と守備固めで、5月9日に登録抹消《まっしょう》されるまでに計7試合に出場。足と守備はしっかりやらないといけないと自覚していましたし、その2つはそれなりにできるとは感じましたが、一軍の試合や選手を見て、足りないところがいくつも見つかりました。自分の力でいるというより、一軍という場所を教えるために置いてもらっている感じでしたね。6月に再昇格しても、1試合だけ代走で出て、すぐに二軍に戻りました。

でも、まだまだ一軍でやれる実力がないのがわかったので、クサることもありませんでしたし、ここをこうすれば一軍に残れるんじゃないかというのもおぼろげながら見えたので、ファームでしっかり課題と向き合いました。それに、この11年に拳士が一軍で50試合出場したことへの悔しさもなかったと言えば嘘《うそ》になります。一軍に約1か月いられて、ここでやりたいという気持ちが一段と強くなりました。

自分らしさ

そして、4年目の12年に、転機がめぐってきました。

「守備が良ければ、バッティングも良くなる」

新しく一軍の指揮官になった栗山英樹監督のアドバイスで、選手としてのあり方を見つめ直すようになりました。最初は「そうなのかなぁ」くらいにしか受け取れなかったのですが、栗山監督は何度もそう言ってくれて、無意識のうちにその言葉を信じるようになったんだと思います。もちろんバッティングも行っていましたけど、練習の比重は守備にかなり偏《かたよ》っていた。自分の武器は足と守備ではありますが、いつまでもそればかりではいけない。そこからバッテングへの意識が高まりました。

栗山監督にはずっと一軍にいさせてもらい、スタメンで出していただくこともありました。記念すべき初ヒットも、10日前のプロ初に続く2度目の先発出場となった4月17日の埼玉西武戦。牧田和久さんからきっちりと、三塁への内野安打(笑)。まわりから「おまえらしい」と言われましたが、1本目はきれいなヒットを打ちたかったですね。

この年は、一軍出場試合数も一気に105試合に増えました。ですが、打席数は試合数よりも少ない82。先発も20試合あったのですが、代走や守備要員としての出場がほとんどでした。なにせ打率は1割1分4厘。意識が変わったからといっても急に打てるものではありませんからね。それに、まずは与えられた役割をしっかりと全《まっと》うするのが先でした。シーズンを通して一軍にいたことで、代走や守備固めの大変さもわかるようになりました。競《せ》った試合の終盤というのは本当に難しい。1つのミスが負けにつながりますし、その試合で取り返すこともできない。5年目の13年のことですけど、忘れられないプレーがあります。6月26日の福岡ソフトバンク戦。9回表からショートの守備について、1点リードの二死三塁。武田久さんが打ち取った打球が僕のところに転がってきました。普通に処理すればアウトにできる当たりでしたが、絶対にアウトにしなければいけないというプレッシャーから少しあせってしまいました。送球が逸《そ》れて同点。試合は延長10回にサヨナラ勝ちをおさめたのですが、9回のミスが悔しくてロッカーで涙を我慢することができませんでした。足を引っ張っただけでなく、重い空気を作ってしまって、みんな、僕に声をかけづらかったと思います。そうしたら、となりにいた今浪隆博《いまなみたかひろ》さん（現東京ヤクルト）が、「はい、卓也、泣いてま〜す」って大きな声で茶化したんです。最悪ですよね（笑）。でも、それで空気がなごみました。久さんも心配して来てくれて、「次、ちゃんとやったらいいやん」と励《はげ》ましてくれました。改めて練習をしっかりやろうと心に強く刻みましたね。今浪さん、あのときはありがとうございました！

途中出場の役割の大きさ、1つのプレーの重みを知っていく一方で、「レギュラーになりたい」という欲も膨《ふく》らんでいきました。そのためには、当然、もっと打てるようにならなければならない。「バッティングを向上させたい」という思いは、さらに強くなっていました。それを感じ取ってくれたんですかね。そのとき一軍打撃コーチをされていた渡辺浩司《ひろし》さん（現チーム統轄本部プロスカウト）に呼び出されました。

「守備がいいのはわかったけど、バッティング、そろそろヤバいぞ」

そう言って、オフのあいだの僕の打撃指導を小田智之《おだともゆき》さん（現二軍打撃コーチ）に頼んでくれました。そのとき小田さんは、オフに選手を教えることができない「コーチ」ではなく、「チーム統轄本部所属」でした。小田さんとは現役が1年しかかぶっていないのですが、「おまえはバッティングも良くなると思うから、クサらず、興味を持ってやれよ」と助言をいただくなど、良くしてもらっていました。小田さんも熱が入る方なので、1日2時間も3時間もマンツーマンで見てくれて。ツイストというか、スイング中に体幹部《たいかんぶ》の動きを止めてバットを走らせる。この感覚を体に覚え込ませるためにティーバッティングを繰り返しました。ひたすらバットを振った。きつかったけど、僕のバッティングの土台はそのときに作られました。

13年シーズンは遥輝や大引啓次《おおびきけいじ》さん（現東京ヤクルト）の故障離脱があって、6月の終わりからシーズン終了までほぼスタメンでセカンドまたはショートを守り続けました。本当は実力でつかみ取らないといけないものなんでしょうけど、いつ「先発で行け」と言われてもいいように準備をしていたからこそ、チャンスを手放さずに終われたんだと思います。課題のバッティングも、打率は2割3分8厘と、ある程度の数字までは上げられました。出塁が増えたことで、盗塁もタイトルを獲《と》った（陽）岱鋼さんに次ぐチーム2位の23個をマーク。なによりレギュラーとして試合に出る流れを体感できたことが最大の収穫で、それが翌14年につながりました。

オフに退寮して1人暮らしを始めるなど、14年は勝負の年と位置づけていました。寮を出て札幌に家を借りておきながら、二軍の本拠地である千葉県の鎌ケ谷にいるというわけにはいきませんからね。自分なりに退路を断って臨みました。

開幕当初や5月下旬はベンチスタートも多かったのですが、6月以降はセカンド中心にスタメンをほとんど外れず、初めての規定打席到達。大きな自信になりました。後半戦は2番打者としても定着。簡単に終わらないようにしようと考えて打席に立った結果、今の僕の代名詞である「粘り」が生まれた。それを認めてもらい、2番を任せてもらえたと思います。でも、粘ろうと思ってすぐにできるものではなく、ある程度、打席での慣れが必要。粘りがチームへの貢献になるというのも、試合に出て、実際に感じられなければわからない。そういう意味では今の打撃スタイルを確立できたのは、就任1年目から出場機会を増やしてくれた栗山監督のおかげです。

そして、たくさんの人が僕の可能性を信じてくれて、力を貸してくれたからこそ、今がある。自分だけの力では、決してここまで来ることはできなかったと思います。

私が見た「中島卓也」の素顔

COLUMN

HARUKI NISHIKAWA

西川遥輝 内野手

「イタズラに引っかかったときの反応がかわいいんです(笑)」

卓さんにはすごくかわいがってもらっていますし、いちばん仲のいい先輩と言っても過言ではありません。僕のプロ1年目の2011年、2歳上の卓さんは開幕一軍メンバーに入っていたんですけど、5月に入ってから二軍に降りてきて、仲のいい拳さん（杉谷）もまじえて、すぐに打ち解けられました。僕はすぐに「卓さん」と呼ぶようになりましたし、なんでも話せると言えば、なんでも話せますね。

でも、ちょっとしたライバルでもあって、いい意味で競い合える。僕にとって欠かせない存在ですし、一緒に成長してきたようなところもありますね。

卓さんは守備は最初から良かったんですが、バッティングのほうは本当に打てなかったんです。打率は、11年はファームで2割3分くらい。12年は一軍で代走や守備固めがメインのため打席数が少ないとはいえ、打率は1割くらい。一軍に上がって最初のうちは二軍の半分くらいしか打率は残らないというケースが多いのですが、まさにそんな感じでしたし、そもそも二軍でも打てていなかったですからね。

先輩に対して生意気ですけど、最初は卓さんのバッティングを見ていて、「大丈夫なのかな?」と思っていました。話をしても、自分の考えが感じられない。「僕はこの部分をこうやって使いながら打っているんですけど、卓さんはどうやっていますか?」と聞いても、「う〜ん、俺はそこまで意識したことないわ」と。その後は僕との会話によってか、そういうところを意識するようになったり、卓さんの今のバットももともとは僕が使っていた型なのですが、それらが役立ったりしているようなので、とてもうれしいです。

でも、なにより大きいのは、自分のスタイルを作り上げたこと。ファウルで粘って、粘って、塁に出る。ヒットゾーンはほぼレフト方向ですけど、長所を生かしたバッティングですよね。ショートゴロで、セーフになれる。そういう選手は少ないですから。自分の選手としての価値を自ら見つけて、スタイルを確立した。すごいと思います。

それと、一緒にいて感じるのは、まわりの人から大事にされていること。男気《おとこぎ》がありますし、やっぱり自分が決めたことをコツコツやっている姿は、みんなの目にとまるので、信頼関係もできてくる。卓さんがショートでエラーしたとしても、「あれだけ練習しているんだから、責められない」とピッチャーも思うはずです。それくらい、熱を入れて練習しています。

お互いすべてを知っていると思うくらいプライベートでも時間をともにすることが多くて、

食事などにもよく行っています。卓さんはお酒が入ると酔っ払うというのはないですけど、テンションは高くなりますね(笑)。

カラオケにも行ったりしますが、卓さんは歌うのはそんなに好きじゃないと思います。自分で曲を入れて歌うことはあまりないから、いつもなにを歌っているとか、全然、思い出せないですからね。誰かが歌っているときに一緒になって歌ったり、仲間とその場を楽しめればいいという感じなんだと思います。

みんなを自宅に呼んだりするのも好きで、僕らは卓さんの家にお邪魔するときもありますけど、部屋はものが少なくて、かなりシンプル。インテリアにこったりするのは面倒だったり、無駄なものは置きたくないんでしょうね。

卓さんの優しさに乗じて、イタズラを仕掛けたりもしているのですが、またリアクションがいいんですよね~(笑)。バッティンググローブを滑り止めのスプレーでベタベタにしたり、たまに遠征先のホテルで、突然、部屋に入り込んで驚かせたりもしています。

ホテルはどこもだいたいオートロックなのですが、卓さんが部屋に入るときにこっそりものを挟《はさ》んでドアが閉まらないようにして、少し時間を置いてから勝手に部屋に侵入。リラックスしている卓さんは、めっちゃビックリする。「やめろよ、おまえ!」みたいな感じで言ってくるんですけど、それもかわいいんですよね。中田さんはバッティンググローブに砂を詰めたりしていたことがありました。本当にみんなに愛されています(笑)。

NAKASHIMA
9
NISHIKAWA
7

ニトリ

第5章

素質

頑《かたく》な

みなさんが僕にどんなイメージを持ってくれているかはわからないのですが、性格のいちばんの特徴は「頑固《がんこ》」ということ。そんなふうには見えないとよく言われますけど、本当に頑固なんです。野球でも自分がこうと思ったことに対しては、監督、コーチに「変えてみたらどうだ」と言われても変えない。栗山監督にも「おまえ、頑固だな」って言われたことがあります。確か、栗山監督が就任して最初の2012年春季キャンプだったと思います。それ以前に僕が（田中）賢介さんの打ち方を参考にしていて、当時の梨田昌孝《なしだまさたか》監督（現東北楽天監督）に「賢介は賢介だし、おまえはおまえだぞ」と言われても頑《がん》として変えなかったエピソードを、たぶんコーチの方に聞いたんでしょうね。梨田前監督は自分の個性を大事にしろよということだったんでしょうけど、僕はプロに入って賢介さんをずっと見て目標にしていたので、変えたくなかったんです。栗山監督も頑固を端《はな》から否定しているわけじゃなくて、「それはいいことだけど、まわりの話も聞いたうえで決めてくれ」と尊重して対応してくれています。僕もまわりの意見を最初から拒んでいるわけではなく、ちゃんと聞いたり、やってみて、いいなと思えば吸収します。でも違うと感じたら、まったくやらないですね。

頑固ぶりはプライベートでも出ます。外に食べに行くときも、「ここの店に行きたい」と思ったら、絶対にそこ。「ほかのところに行こうよ」と言われても、自分で決められる相手だったら、「ダメ」とことわってしまいます。助言の類《たぐい》も野球同様、自分はこれが正しいと思ったら聞かない。間違っているとわかっていても謝らないと思います(笑)。面倒くさいですよね。まわりから「直せ」と言われることはないですけど、(西川)遥輝なんかは、「出た、頑固!」みたいな感じでツッコんでくることもあります。みんな、僕という人間をわかったうえで接してくれているのかな、と。当然、他人に迷惑をかけてはいけませんけど、いいところだとも思っています。度が過ぎると悪いほうに出ちゃいますが、自分の考え、信念を貫くというのは大事じゃないですかね。決して開き直っているわけじゃないですよ(笑)。

今でこそだいぶましになりましたが、とくに中学生くらいまでは、けっこう人見知りでした。野球や体育のときは別ですけど、普段は「静かな人」だったと思います。当時の友だちに久しぶりに会うと、「しゃべれるようになったな」とか「変わったな」なんて言われますね。やっぱりプロに入って、変わったと思います。最初の1年は自分から積極的に話しに行く機会は少なかったと思いますが、プロでは選手、球団関係者など多くの方との関わりを持つようになりますし、記者の方との受け答え、取材など、話せないとやっていけませんからね。人見知りはまだ多少、残っているかもしれませんけど、そうした環境で自然と解消されていっていますね。

ファイターズの仲間とも打ち解けて、本当に楽しくやらせてもらっています。いい意味で先輩、後輩の垣根《かきね》がなく、先輩に委縮《いしゅく》するようなこともないですし、すごくやりやすいチームです。強面《こわもて》で怖そうなイメージがある中田翔さんへのちょっかいとかも、意外と行けますよ(笑)。年齢が近い僕や（杉谷）拳士や遥輝だけでなく、けっこうみんな、中田さんをイジったりもしています。中田さんをよく知らない人からは、「すごい」と見られることもありますけど、全然ＯＫ。あっ、でも機嫌が悪いときはダメですけど。そこのあたりは僕らも見ているとわかるので、「今日は行けない」と。でも、基本は中田さんから来る。自分が使ったティッシュとかをポイッと投げてきたりするので、「なにしてんすか。自分で捨ててください」って投げ返したり。やられても、やり返す感じ。ロッカールームの席もとなりなので、よくイタズラをしてくるんですよね。ちょっと目を離したら、ゴミがいっぱい置いてあったりする。子どもなんです。もう、リアルジャイアンです(笑)。

16年の春季キャンプ前半は新たにアメリカのアリゾナ州で行いましたが、ロッカーの席の場所が決まる前から、「おまえと拳士が俺のとなりや」って指名されました。でも、そうやって雰囲気を明るくしてくれている。シーンと暗くなるのはいやですし、毎日のように厳しい戦いをしているんですから、ロッカールームくらいは楽しくやったほうがいいと思うので。ほかにお世話になっている先輩を挙げたらキリがありませんが、賢介さん、宮西尚生《みやにしなおき》さん、大野奨太《おおののしょうた》さんからは、食事に連れていってもらったりと、かわいがっていただいています。

うちの一軍は若い選手が多く、後輩も少なくないのですが、面白いやつが多いですね。仲がいいのは遥輝。置いておいた物を隠したり、よくいろいろなイタズラを仕掛けてきますけど、とくに僕のバットのグリップを滑り止めでベタベタにするのはヤバいです。滑り止めのスプレーは粘着力のレベルが強弱2種類あって、僕は弱めを使用しているんですが、フリーバッティングに入る前のティーバッティングをやっているときに、遥輝は僕の目を盗んで強めのスプレーをバーッとかける。バットは2本用意しているので、僕が打っているときに使っていないほうにスプレーされたら、こっちはティーを打つことに集中しているから気づかない。それで知らずに打席に入ってもう1本のバットを握ると……。

「ベッタベッタやん！　遥輝、おまえ、やったやろ‼」

遥輝はなにも言わずに、ニヤッとしています。そのイタズラは何度かやられていて、たいていひっかかってしまうんですよね。ときには、スプレーを使ってバッティンググローブをバットにくっつけていたり。怒ることはないですし、楽しくやっていますが、遥輝、あれはもうやらんでいいって(苦笑)。

近藤健介もトーク力があって、いつも笑わせてくれます。それとあいつは、ゴルフもうまい。僕もこの1、2年で自主トレ期間中などにコースに出るようになったんですけど、スコアは100前後だから、全然かなわない。遥輝も僕よりうまいです。15年のオフに独身のみんなでグアムに行き、ラウンドもしたんですけど、ダメでした。ゴルフは好きになってきたし、もっとうまくなって、あいつらにも勝ちたい。

このところ目が離せないのが岡大海《おかひろみ》。あいつは天然というか、変わっている。こっちが思いつかないことをするから、チーム内でも「岡ネタ」は流行《はや》っています。

石川慎吾も休日に時間が合うと一緒に食事に行ったりする仲なんですが、あいつとは1日に2回、映画を一緒に見に行ったことがありましたね。ちょうど見たい映画が多くあった時期で、『ミッション：インポッシブル／ローグ・ネイション』の4Dを見に行こうという話になったんです。それで映画館に12時くらいに行ったんですけど、満席。でも、頑固な僕はどうしても見たい。22時くらいなら席があいていると言われて、予約しました。それで、「今、どうする？」となって、14時くらいから『BORUTO《ボルト》―NARUTO THE MOVIE《ナルト・ザ・ムービー》―』をやっていたので、それを鑑賞。見終わったあと、時間があるのでペットショップに寄って時間を潰《つぶ》したんですけど、22時はまだまだ先。1回、帰ろうとなって、部屋を掃除《そうじ》し、20時に慎吾と再集合。晩ごはんを食べてから、ようやくトム・クルーズのアクションを堪《たん》能《のう》しました（笑）。そんな1日がありましたね。

同期の拳士は前章でも書いたようにライバルであり、親友です。最初に会ったときは、「すげえやつがおるな」と思いました、うるさくて（笑）。僕があまり話すほうではないので、「こいつ、ようしゃべるな」と。でも、いつも一緒にいたし、しんなに時間がかかることなく、自然と仲良くなりました。疲れているときや、しんどいときには面倒くさいですけど、本当にいいキャラクターをしている。僕らの前でもみなさんが知っているとおりで、いつも変わらず楽しい男です。他球団の選手ともすぐに仲良くなる。埼玉西武の金子侑司《ゆうじ》とは同い年で食事に行くこともよくありますが、最初は拳士が親しくなって、紹介されて僕も付き合うようになったんです。そうやって拳士が潤滑油《じゅんかつゆ》になってくれて広がった交友関係もあります。拳士は食事に行ったりするのもいちばん多い。一緒に洋服を買いに行ったりしたときは、「どう？」って聞き合って、ああだ、こうだと感想を言い合うんです。でも、野球の話はまったくしません。そこはお互いライバルという意識があるんだと思います。

入団年は違いますが、鍵谷《かぎや》陽平も同い年で、このところよく行動をともにしています。付き合いはまだ短いですけど、鍵谷も少し前から札幌で1人暮らしを始めたので、一緒に食事に行く回数も増えた。最近は拳士より「鍵谷推《お》し」ですかね(笑)。

演技

休みの日のすごし方は、買い物に行ったり、映画館に行ったりと、ちょこちょこ外出したりもするのですが、15年は家にいることがほとんどでした。試合に出続けていた疲れの影響も少しあるのか、家でくつろいでいたいと思うようになりました。

例えば、遠征から帰ってきたあとの休日の流れはこんな感じです。部屋が散らかっていれば、まず掃除《そうじ》。几帳面《きちょうめん》なところは几帳面なんですけど、基本は面倒くさがりなので、部屋は常にきれいにしているというわけではありません。けっこう、放《ほう》っておいてしまう。遠征に出るときか、帰ってきたときに、まとめてバーッとやっています。掃除が終わったら洗濯《せんたく》をして、録画していたテレビ番組をソファでのんびり見る。お笑い番組も好きですし、ドラマもよく見ます。少し前にハマったのは『恋仲』。試合が終わってお風呂に入ろうかなとゆっくりしているとき、たまたま球場のロッカールームのモニターで第1話をやっていたんです。最後の10分、15分だったんですけど、先にバスタオルを巻いた姿で見ていた何人かのチームメイトがお風呂に行けずにいた。なにかなと目をやったら、僕も引き込まれちゃいました。

恋愛ものも好きですけど、ジャンルは問わないですね。同じフジテレビの「月9」枠の『信長協奏曲《のぶながコンツェルト》』も良かったですね。全然、興味はなかったんですけど、その前のクールでやっていた『HERO《ヒーロー》』は以前から大好きで、毎週月曜日夜9時から録画予約していたんです。予約設定がそのままになっていて『信長協奏曲』も録画されていたんですが、見てみたら面白かった。そのまま、最終回まで録画し続けました。

録画していた番組の鑑賞をキリのいいところで一段落させたあとは、半身浴。入浴剤はいつも入れています。といってもファンの方からたくさんいただけるので、それを使わせてもらっているんですけど。よくいただくのは「Lush《ラッシュ》」のバスボム。湯船に入れるといくつもの色が鮮やかに広がって、すごくカラフルなんです。いい気分転換になります。僕はカラオケもあまり好きじゃないし、車も大きくて乗りやすければいい程度。パーツを交換したりとか、そこまでの興味やこだわりはありません。やっぱりお風呂にいるときが、いちばんのリフレッシュタイムですかね。

あと、13年シーズン終了後のオフに1人暮らしを始めた際、「調理器具がない」となにげなしにテレビで話したら、ファンの方々から、お皿、箸《はし》、コップ、おたまなどをプレゼントされるようになり、ほとんど一式揃《そろ》ってしまった。テレビでの発言からもうけっこうたっているのに、少し前まで、そうした品々を送ってきてくれる方もいました。ほかにもスリッパが欲しいなと思っているときに、タイミング良く届いたり。うれしくて、今も大事に愛用中です。本当に感謝しています。

また、あるプロ野球専門誌の「彼氏にしたい選手」「結婚したい選手」といった部門のアンケートで1位にしてもらったこともあるのですが、正直、「僕でいいんですかね?」という感じです。「誠実そう」という理由が多いみたいですが、グラウンドでは笑顔を見せることやガッツポーズをすることを極力しないというのが僕の考えなので、まじめそうに見えるんですかね。自分ではわからないんですけど、球場でも僕の名前のボードが増えていて、「ネバネババッティング」とか、特徴を表現してくれたものもある。素直にうれしいし、頑張ろうという気持ちになれます。ほかに、もっと格好良かったり、すごい選手はたくさんいるのに、その中から僕を見つけて応援してくれて、ありがとうございます！

お風呂から上がったら好きなマンガを読んだりして、またリラックス。マンガは小学生のころから好きで、棚にきれいに並べてあります。これもジャンル問わずいろいろ読みます。野球マンガなら、『MAJOR《メジャー》』を持っています。でも、野球はこれだけですね。スポーツ系マンガは、サッカー、バスケットボールもありますし、競艇《きょうてい》（ボートレース）の『モンキーターン』も面白い。アクションものも好きです。数ある中で今のいちばんのお気に入りは『NARUTO《ナルト》』ですね。もちろん単行本は全巻揃えてあります。『ONE PEACE《ワンピース》』も好きですけど、最近は全然、見ていないですし、単行本も集めていません。この2つはファイターズ内でも人気が高くて『NARUTO』派と『ONE PEACE』派に分かれるのですが、僕は断然『NARUTO』派です。僕以外だと（大野）奨太さんもそうですし、遥輝も映画を見に行っているから、そうじゃないかな。でも、拳士をはじめ、人数は『ONE PEACE』派が多いですかね。それに『ONE PEACE』派は2時間とか余裕で話し込んでいる。みんな真剣。鎌ケ谷の寮で夕食を食べているときもずっと語り合って、食べ終わってもまだ尽きないから、ロビーでまた話し続けたりする。『NARUTO』派はそこまではないです。でも、『NARUTO』もすごく面白いんですよ。

夕食はなかなか自炊《じすい》するところまではいかないので、出前が多いです。中華で美《お》味《い》しいところがあって、チンジャオロース弁当やチャーハンが僕の定番。食べ終わったらまたゆっくりして、寝るというのが1日の流れですね。15年は本当に野球中心の生活を送っていました。

もちろん誘いがあったりすれば、飲みに行ったりもします。お酒も家では飲まないですけど、外に出ればいただきます。おなかが膨《ふく》れちゃうのでビールは最初の1杯だけで、そこからは芋《いも》でも麦《むぎ》でも焼酎《しょうちゅう》の水割り。最近はカロリーを気にするようになったので、ハイボールが多くなりましたね。

お酒はとくに強いわけでも、弱いわけでもないのですが、飲まされるタイプなんですよね。飲みたくないときはシレッと静かにしているので、バレます。「飲んでないな」って。後輩からも言われちゃうんです。遥輝とか、近藤は飲ませてきますね。２人は自分からもどんどん飲むので、僕に対してもグイグイきます。近藤なんかは酔っ払って、「卓さん、酔っ払ってないじゃないですか〜。乾杯しましょう！」みたいに来る。楽しいですし飲むのはいいんですけど、潰《つぶ》れるのはいやなんですよね。まわりに迷惑をかけちゃうのでいちばんダメだと思うのですが、僕は顔に出ないので、どんどん来られちゃう。顔が赤いと飲まされたりはしないので、出たほうが絶対にいい。僕は不利なんですよ。でも、最近わかったんです。どこまで飲むとヤバいというのが。だから、その手前でセーブするようにしています。飲まされないように、いつも以上に話したり、陽気な感じを出したりして、酔っ払ったフリをして。たまにですけどね。でも、ここで書いたら、みんなにバレちゃうかな（笑）。

お酒が強いのは、やっぱり中田さん。でも、強要はしないですね。逆にお酒が弱い、いえ、弱かったのは岡。ビール１杯で、すぐに顔に出ていました。今はだいぶ飲めるようになりましたけど、あいつは飲んでいても面白いです。チームメイトとは飲みながら野球の話をすることもありますけど、基本的にはみんな素《す》になってワイワイやっています。

理想の家族

今は本当に充実した日々を送れていますし、選手としてもっとしっかりしないといけないという思いが強いですから、まだ結婚について考えることはありません。もちろん、いつかはという気持ちはありますし、先輩が子どもをロッカールームに連れてきたりしているのを見ると、「いいな～」って。最近、とくに子どもがかわいく感じるようになってきました。16年1月の自主トレ期間中も吉川光夫《よしかわみつお》さんのお子さんが来ていて一緒に遊んだりもしたんですけど、癒《い》やされて。子どもが欲しくなりました。子どもができるなら、女の子が先に欲しいですね。やっぱりかわいいじゃないですか。息子とキャッチボールをしたいとか、そういうのがないわけではないですけど、野球をやらせたいとかは考えていません。好きなことをやってくれたら、それでいい。ただ、自分が野球をやっている姿は見せたいですね。金子誠さんが引退するとき、セレモニーでお子さんから花束をもらっているのを見て感動しましたし、僕も子どもが野球をわかるくらいの年齢になるまで頑張りたいです。

あと、結婚したら、これだけは実行すると決めていることもあります。

それは、犬を飼う！

遠征があって家をあける日が多いので、1人で生活しているうちは叶《かな》えられませんが、結婚したら絶対に犬を飼いたい。小さいころから犬だけでなく猫も飼ったりしていて、とにかく動物が大好きなんです。近所にも犬を飼っている家が多くて、となりの家にも犬が2匹いたんですが、小学生のときは休みの日に、その犬とよく遊びました。小さな野良犬や猫が家に迷い込んできたのも一度や二度じゃなく、家族もみんな動物好きのせいか、なついてそのまま飼ったこともあります。そのときすでに家で飼っている動物がいてあきらめないといけないときは、「かわいそうだから飼おうよ」と泣き、「無理だ」と説得されても「いやだ、いやだ」と食い下がって、親を困らせました。飼うようになった野良猫が家からいなくなったときも大泣きしました。すごく人なつっこい猫だったので、誰かに拾われたのだと思うんですけど。

動物を扱った感動系のドラマや映画にも弱いです。かわいそうと思って、泣いちゃう。小学生のときに「忠犬ハチ公」を描いた作品をテレビで見て、ボロ泣き。だって、最後のシーン、かわいそうじゃないですか。犬が待っているんですよ、雪の中。家で見ていたんですけど、あれは泣きました。僕の姿を見て、両親が心配したかって? いや、一緒に泣いているんで(笑)。とくに母親は涙もろい。遺伝ですね。

結婚したときにどう考えるかわかりませんが、今、お気に入りなのはトイプードル。昔は全然、好きじゃなかったんですけど、友だちが飼っていて、めっちゃめちゃかわいかった。その点で考えれば、結婚相手も動物好きな人だったらベターですね。

あと、一緒にいる女性に求めたいのは、波長が合うこと。以前は、僕があまりしゃべらないというか、静かにしていたいタイプなので、相手には明るくて、よくしゃべる人がいいと考えていたのですが、今はちょっと変わってきました。僕が静かにしているとき、それを許してくれるというか、気まずくならないというか。気をつかわずに、そうさせてくれる人がいいかなって。話すときは楽しく話し、落ち着きたいときには一緒に落ち着いてくれる。それが自然にできたらベストかなと思っています。

ルックスの好みは、これというのがなくて、芸能人だと新垣結衣《あらがきゆい》さんがいちばん好きなんですけど、登場曲にも使わせてもらっている西野カナさんも好き。2人は全然タイプが違いますよね。強《し》いて挙げれば、スタイルはスラッとした人がいいかな。付き合ってきた相手も、女性としては身長が高かった。

それと、告白は自分からしたいタイプです。高校で付き合ったときもそうでしたし、中学生のときは3年間ずっと好きだった子がいて、一度告白してフラれたのに、卒業するときにもう一度告白。今度はうまくいって付き合うことになったんですが、別々の高校に進み、僕が練習、練習で会えなくなって、すぐに自然消滅……。でも後悔はありません。その子も野球が好きで、高校でマネージャーをやっていたから、試合で顔を合わせたりもしたんですが、気まずいとかもなかった。告白できずに終わったほうが引きずってしまっていたかもしれないから、「想いは伝えたほうがいい」と、今でも思っています。

私が見た「中島卓也」の素顔

COLUMN

KENSHI SUGIYA

杉谷拳士 内野手

「お酒に酔ってきたときはすぐにわかる。そのサインは博多弁！」

卓也とは、2008年オフのドラフトの同期入団です。高卒野手は2人だけでしたから、プロに入って最初のライバルとして、ずっと競い合ってきました。僕は両打ちで、卓也は左打ちですから、タイプが違うとはいえ、やっぱり意識する存在ですね。バッティングのことは聞いたこともないですし、聞かれたこともないのですが、守備に関しては一緒に二遊間を組むこともありますから、「今のトス、どうやった?」「もうちょっとこっちだな」と、お互い少しでも良くしようと、意見を交換することがあります。ファーム時代は卓也に「これ、どういう流れで捕球して送球したらいいかな」と聞いて、「1つ前で、さばいたほうがいいんじゃない」とか、アドバイスをもらったりもしましたね。

でも、そういうプレー上の確認のような話はしても、野球の本質的な話をすることは本当に少ないです。プライベートでは、野球の話をまったくしませんね。

それはライバルだからというより、プライベートのときは野球から離れて、同い年の仲のいい友人として接しているからなのかもしれません。それは自然な形としてそうなっていて、入ったころから変わらないです。

1年目から買い物に行ったり、オフは時間があれば食事にも行きました。卓也は福岡から来たので、都内に初めて一緒に買い物に行ったときは、「人混みがすごいな～」と驚いていたことが印象に残っています。僕は東京生まれとはいえ、やっぱり野球、野球ですごしてきましたから、あちこちを詳しく知っているわけではなかったですけど、東京案内とかもしました。懐《なつ》かしいですね。

今も食事に行ったりもしますが、ひんぱんにというわけではなく、休みの前の日くらいでしょうか。次の日に試合があったら、当然、野球のための準備を優先しないといけないですからね。そのあたりは卓也も僕もしっかりやっているつもりですし、お互い、野球には真摯《しんし》に向き合っています。

食事に行ってお酒が入り、酔っ払ってきたかどうかは、卓也の場合はすぐにわかります。普通に博多弁が出てくるんです。そこで、「卓也、ちょっとお酒が回ってきたか」と、僕は気づいたりします。九州男児なので、「お酒は強いのだろう」と勝手に想像していたんですけど、決して強くはないですね。どっちかというと弱いほうかな。

よく飲んでいるのは焼酎《しょうちゅう》ですかね。でも、少し前にはビールにハマっているみたいなことを言っていました。一時はビールは控え気味にして最初だけにしていたんですけど、また復活したのかな？　卓也は自分からも飲みますし、先輩にもよく飲まされていますけど楽しそうですから、お酒は嫌いじゃないと思います。

僕みたいによくしゃべるタイプではないですけど、話しかけやすい雰囲気を持っているから、みんなに好かれますよね。あるプロ野球専門誌の人気投票で1位になったりもしているみたいですが、野球の実績も伴《ともな》っていますし、若い女性だけでなくコアな野球ファンにも人気がある。それも卓也の特徴です。ほかのチームメイトも口を揃《そろ》えるでしょうが、ものすごく頑固《がんこ》で誰になにを言われても自分のペースを変えないところがあります。でもそれが野球ではいい方向に行っていると思います。

困っていれば助けてくれる、本当にいい先輩やチーム関係者に恵まれていることも大きいですけど、一方で人に流されることなく自分をしっかり持ってやれている。それがレギュラーを獲《と》れた最大の理由じゃないですかね。頑固さが悪い方向に出ることもあるかもしれませんが、卓也の特徴であり、長所だと思いますから、そこは変えなくていい。急に変わられても、こっちが戸惑いますし（笑）。

卓也はこれからもライバルですけど、今は少し水をあけられてしまいましたし、卓也だけでなく、ファイターズは若い選手がどんどん台頭してきています。僕はレギュラー組からは少し遅れている感じがあったりもしますので、なんとか追いつけるように頑張っていきたいです。

第6章 卓論

ネバー、ネバー

2015年はシーズンを通してフルにショートを守り、僕は変わりました。いち選手として成長できたことは第1章で記したとおりですが、チームリーダーへの意識も生まれてきました。今すぐとはいきませんが、キャプテンや選手会長をやれるようにならないといけない。小学生のときからキャプテン経験はなく、そういう役割はやりたくないと避けてきたけど、今は僕がやらないといけないという気持ちでいます。

「これからのファイターズを引っ張っていきたい」

以前の僕だったら、こんなことは口にできませんでした。そう言えるようになったのは、ショートというまわりも見渡してプレーしなければならないポジションを任されているという自覚に加え、周囲から期待してもらえるようになったことが大きいです。

例えば守りのときの投手への声かけも、宮西（尚生）さんからは「おまえが先に声をかけられるようになってほしい。間違ってもいいから、行くべきと思ったら、とりあえず行け」と、15年はずっと言ってもらっていました。声かけはやみくもになにかを言えばいいというものではなく、投手が声をかけてほしいタイミングで行かなければ、かえってリズムを崩すこともある。投手のことを考えながらやったつもりですが、まだまだの部分があったと思います。ここぞという場面ではセカンドの（田中）賢介さんが先にマウンドに行っていましたから。僕が先に反応できるようにならないといけないんです。

そういうところからも投手に信頼してもらえるようになりたいですし、当然、プレー面でも安心して投げてもらえるような守備をしていきたい。それが目指す守備の理想です。パ・リーグのショートで3年連続ゴールデングラブ賞を獲得している今宮健太みたいな守備範囲の広さや肩の強さはないし、魅《み》せる派手なプレーはできないですけど、投手に「中島のところに飛んだら大丈夫」と思われたい。ファインプレーは華《はな》があって盛り上がるけど、僕が追い求めるのはそこじゃないと思っています。投手が打ち取ってくれた当たりは、絶対にアウトにする。併殺が欲しい場面で、しっかりと2つアウトを取る。それができなければ、流れも作れない。投手もヒット性の当たりがヒットになるのは、そのあとに切り替えができると思いますが、打ち取った当たりがセーフになれば、落胆する。守っている野手にとって、まずは堅実にやることが第一だと考えています。だから、エラーは0を目指しているし、実際、1シーズン5個以内にはしなくてはいけないと思っています。最も獲《と》りたいタイトルがなにかと聞かれれば、盗塁王よりもなによりも、ゴールデングラブ賞。守備にはこだわりを持っていますし、「ネバーギブアップ」の精神であきらめることなく狙《ねら》っていきます。

バッティングは今もいちばんの課題ですが、スタイルは確立できたので、もっと磨いて、打率も上げなくてはいけない。まずは、多かった三振を減らしてフォアボールを増やせれば、打率は良くなる。4打数1安打が3打数1安打になれば、打率は2割5分から3割3分3厘になるわけですからね。そのためにはやっぱり、「粘り」が大きな要因になります。もともと粘ろうと思っていたわけではなく、2ストライクになったら簡単に打ち取られないように食らいついていた中でたどりついたスタイルです。好球必打という前提は変わりませんが、やはり追い込まれるとヒットを打つのは難しいし、フォアボールも貴重な出塁手段ですからね。ピッチャーからすれば、粘られたあげくにフォアボールを与えるのはいやでしょうし、フォアボールから崩れることも多い。宮西さんにもよく言われます。「早いカウントでヒットを打って出たときより、粘ってフォアボールで塁に出たほうが、絶対、点になっているよ」と。調べたわけではないのですが、僕も同じ印象を持っています。ヒットを打つより、粘ってフォアボールのほうがうれしい。あきらめず粘れば、最終的には凡打になったとしても、相手投手の次の打者への投球に影響が出たりもする。とくに先頭打者のフォアボールは、流れをガラッと変えるときがあります。

ただし、粘ろうと過度に意識するとダメなときもあって、自分自身のバッティングやメンタルの状態なども考慮しながらやっていかなければいけない。毎試合、それらの状況が良ければいいのですが、決してそうではなく、日ごとに違う。そこでの判断力や修正能力のアップは16年の1つのポイントになると思います。単純に多ければいいというものでもありませんけど、15年、相手投手に投げさせた1打席あたりの球数や、年間ファウル数などは、僕が12球団トップでした。でも、まだまだ粘れるし、ピッチャーからいやがられるバッターになれると考えています。粘りを突き詰めていくことで、僕は自身の存在意義を保っていけるんだと思います。そういえば最近は、粘りつながりで、僕と納豆を結びつけるネタも多いようですね(笑)。11年の一軍初打席以降15年終了までに、1433回、打席に立ちましたが、ホームランは一度も打っていません。高校時代も、まえがきでお話ししたように、練習試合での1本だけ。逆に、すごいですよね。よくプロに入れたなと(笑)。正直、僕もいつかはホームランを打ちたいです。ダイヤモンドをゆっくりと気持ち良く回ってみたい。でも、結果として出てくれればいいことで、意識して打とうとは思っていません。それを求めたら、僕はプロで生き残れない。体が小さいので、入団時から困難ばかりでしたけど、今のスタイルで道が拓《ひら》けたので、それを貫き通したいです。

それほど強くこだわっているわけではありませんが、ユニフォームのズボンの裾《すそ》を上げてソックスを見せるオールドスタイルも、中学生のときから続けています。きっかけは、第2章でも触れた、プロ入り前に大ファンで目標としていた川﨑宗則さん。裾を上げているのを見て、「格好いいなぁ」と思ってマネし始めました。それ以来、下げたことはないです。遥輝とはお互い調子が悪いときに、練習だけ気分を変えようということでズボンを交換してはいたりすることがあります。ただ、このロングスタイルのズボンが、僕には全然似合わない。14年も、15年もやりましたが、「誰？」という感じ。まわりからツッコまれたら、「テスト生です」と返していました（笑）。そのくらい違和感たっぷりです。実はオールドスタイルのほうも、別に動きやすいわけでもないですし、スパイクもむき出し状態のため汚れやすくてダメになるのが早く、いやなんです。でも、まわりから、「おまえはオールドスタイルがいいよ」って言われるんですよね。地元に帰っても、「卓也だってわかりやすいから、そのスタイルを変えないで」という意見が多い。なので、僕の個性として継続しようと思います。

背番号も選手にとっては自分の存在を示すものの1つですが、僕は13年のオフに入団時からつけていた56番から今の9番に変わりました。1ケタ番号は期待される選手がつけることが多いですが、9番への変更を打診されたとき、実はあまり乗り気ではなかったんです。最初、マネージャーに背番号を変える気があるかと聞かれ、「はい。3番が欲しいです」と答えました。賢介さんがその13年からメジャーに挑戦していて、あいていたんです。3が好きとかではなく、賢介さんがつけていた番号が欲しかった。すると、「3番はちょっとな……。9番なんだけど」と言われました。9番は、それまでつけていた外国人選手が退団し、あいていた。僕は、「じゃあ、変えなくていいです」と、いったんことわりました。でもマネージャーもなぜか引かない。「9も考えてよ」って。「9っすか。いや、3が欲しいんです」と、持ち前の頑固《がんこ》ぶりを発揮する僕。「9もいいだろう?」「いや、3が欲しいんすよね」と。そんなやりとりのあと、「わかった。じゃあ、9に変えて、頑張ったら3になれるように担当者に言っておくから」と言ってもらい、「わかりました。9でお願いします」と了承しました。あとでよくよく聞くと、ファイターズにとって9番は、ケガが多かったりしてあまりいい番号ではなかったようです。それで、「おまえが9番をいい番号に変えてほしい」と託《たく》されたんです。3番は、15年にメジャーから戻られた賢介さんの背中に戻ったので、もう未練はありません。9番を僕の番号にしていきます。

賢介さんは憧《あこが》れであり、理想の選手です。「走・攻・守」3拍子揃《そろ》っているだけでなく、野球に対する姿勢も、「あんなふうになれたら」と目標にしています。11年の自主トレに当時一軍未経験の僕みたいな選手を連れていってくれたように、僕もいずれは逆の立場になって後輩を連れていけるような選手にならないといけない。入団したときショートには金子誠さんがいて、「誠さんにはかなわない」と思わされましたが、これから入ってくる選手たちに、「中島さんなら抜けそうだな」とは思われたくない。「ショートはあいていない」と思わせたい。子どもから、プロを目指している選手たちにまで憧れられる存在になりたいです。

伝える

憧れられる選手になるためにも、第1章で触れたように、日本代表で活躍したい。僕は子どものころから騒がれたことはなく、ドラフトも下位。それでもＪＡＰＡＮのユニフォームを着られた。みんなにチャンスがあるんです。それは野球に限ったことではない。「自分なんかじゃ無理だ」とネガティブにならずに、自らの長所を伸ばすことにいっしょうけんめいになればいいと思います。

15年秋の「プレミア12」のとき、同い年の則本昂大《のりもとたかひろ》（東北楽天）、西勇輝《ゆうき》（オリックス）、中村悠平《ゆうへい》、小川泰弘《やすひろ》（ともに、東京ヤクルト）と仲良くなり、大会中に何度か食事に行ったのですが、西と話していて、若いときに2人で誓い合ったことを思い出しました。プロ1年目か2年目のフェニックスリーグで、参加していた全球団の選手で高卒同期会をやったんです。西は自分から話しかけるタイプなので、すぐに仲良くなれた。西はドラフト3位入団で、僕は5位。2人とも高校で有名選手ではなかったので、「俺ら、なんか、存在薄いな」と話していたんです。名の通った大田泰示《たいし》（巨人1位）や伊藤準規《じゅんき》（中日ドラゴンズ2位）、立岡宗一郎《たておかそういちろう》（福岡ソフトバンク2位、現巨人）らがバーッといて、肩身の狭い思いをしていた。だから西とは、「負けないように頑張ろうぜ！」と誓い合ったんです。そうしたら西はプロ入り3年目の11年に10勝を挙げ、先発ローテーションに定着。僕もその年くらいから一軍で出られるようになった。一軍で対戦したときに、「俺ら、頑張ってるよな」などと話もしました。最初の評価は負けていても這《は》い上がるぞ、という気持ちが頑張る原動力でした。あきらめてしまっては、なにも始まらないんですよね。

強い思いを持って目標を頭の中に描きながら、練習、トレーニングをする。とくに重要なのはメリハリをつけることなので、休むときは休み、遊ぶときは遊んでいいと思います。その代わり、やるときは全力で、「自分はこうなりたいから、これをやっている」という目的意識をしっかり持ちながら、ひたむきにやる。思いが伝わるような姿を見せられれば、きっと誰かが手を差し伸べてくれる。1人の力には限りがあります。まわりの人がいなければできないことはたくさんある。フリーバッティングだって、投げてくれる人がいるから打てる。ノックも、打ってくれる人がいるから練習ができる。協力してくれる人が増えれば、それだけできること、自分の可能性を広げられます。その縁《えん》を大切にして、感謝して、こたえようと思えば、キツいときでもまた踏ん張れる。必ずうまくいく保証があるわけではないですけど、仮にダメでも、違った形で実を結ぶこともあると思いますし、人としての成長にもつながる気がします。その積み重ねで成功に近づける。そう思ってやってきました。

僕がみなさんに伝えられるメッセージがあるとすれば、「強い思いは必ず届く」ということ。そして、そう言わせてもらうからには、これからも僕なりの思いを、プレーや言動で表現していきたいです。

私が見た「中島卓也」の素顔

COLUMN

KENSUKE KONDOH

近藤健介 捕手

「お互い会話中、噛《か》み噛みですけど、めげずに頑張りましょう（笑）」

僕が1年目（2012年）のときに、一軍にいた年齢の近い人は、卓さん、杉谷（拳士）さん、西川（遥輝）さんくらいで、いつも4人で行動していたことをよく覚えています。とくに卓さんには、球場まで行くのに車に乗せてもらったり、いろいろとわからないことがあったときに優しく教えてもらったり、食事に誘っていただいたり、すごく良くしていただきました。今もかわいがってもらっていますし、兄貴というか、面倒見がいい先輩です。

一緒にいる時間も長いので、いろいろな一面を知っているつもりですが、ひと言で言えば、まじめ。あと、グラウンドでの卓さんを見てファンの方はクールというイメージを持っているのかなと思いますけど、ユニフォームを脱いだ卓さんはそういう感じではなくて、面白いです。それに、意外と優柔不《ゆうじゅうふ》断《だん》ですね。この前のオフに若い選手でグアムに行ったんですけど、そのときも先輩なのに後輩の意見に合わせてくる感じでした。「やりたいことありますか?」と聞いても、「なんでもいいよ」って、とりあえずついてくる。「あれがしたい」とか、「こうしよう」とかはなかった。もしかしたら、僕らの意見を優先してくれたのかもしれませんけど、自分では決められないのかなって（笑）。

それに、ちょっと抜けているようなところもあって、石川慎吾とか、後輩にもよくツッコまれています（笑）。僕は、そんなにツッコみませんが。

1つ例を挙げると、よく噛《か》む！

普通に会話している中で、言葉を噛んで、なにを言っているかわからないときがあるんです。それで、みんなから「エッ⁉ 今、なんて言ったんですか？」とイジられている卓さんをちょくちょく見かけますね。卓さんはだいたい照れ笑いを浮かべています。なんか、噛むことに関しては、もう若干あきらめている感がありますね。ただ、僕がたまにツッコむと、言い返してくるんですよ。「おまえも、いつも言えてないだろう！」って。はい、僕もけっこう噛んでいます（笑）。

酒の席でも後輩の標的になっています。卓さんはそんなに強くないので、けっこう酔っ払っていると思います。ワイワイと騒ぎながら、僕ら後輩は「卓ちゃん」と呼んだりしながら絡《から》んでいます。それで怒ったりすることはないですし、後輩に気をつかわせることもない。

そんな親しみやすい卓さんですが、野球になるとすごくストイック。常にまわりにも気を配っていてチームのためにという思いがその姿から伝わってきますし、なんでも率先して行動する。それを後輩に見せているという意識はないでしょうけど、僕らは感じ取らないといけないと思っています。なにかを注意してもらうとか、言葉でというのはあまりないですけど、プレーや行動で引っ張ってもらっていますし、そういう手本になってくれる先輩が同じチームにいてくれるというのは本当にありがたいです。

タイプや役割は僕とは違うんですけど、卓さんを1人の選手として見ていると、「自分でいいと思って選んだことを、ずっと信じてやり続けることは大事なんだろうな」と思います。野球では本当に自分を曲げない。チームでの役割、自分の生きる道をすぐに理解して、スタイルを確立して徹底し、試合で表現できる。やっぱり試合に出ないとダメな世界なので、そういう考える力というのは、すごいなと感じます。あれだけピッチャーに球数を投げさせて、塁に出たら、今度は俊足のランナーとしてバッテリーにプレッシャーをかけられる。対戦相手は当然、気をつかいますから、あのスタイルは卓さんにとっても、チームにとっても大きな武器です。

でも、正直、僕は卓さんのあとを打つのは苦手です。一度、卓さんが2番で、僕が3番のときがあったんですけど、三塁側のネクストバッターズサークルにいるとファウルが飛んでくるんじゃないかと気が気ではなくて、ピッチャーを見てタイミングを測ることに集中できませんでした……。

卓さんのあとを打つことが多い（田中）賢介さんはそうした影響を感じさせませんから、さすがだなと思いますが、僕はまだまだ未熟です。なので、卓さん、「僕がネクストにいるときはファウル打ちはやめてください！」……というわけにはいかないですよね（笑）。

あとがき

僕は試合中にガッツポーズをすることが、ほとんどありません。守備でいいプレーをしてベンチに帰ってきて「ナイスプレー！」と声をかけられても、淡々としているようにしています。

それで、先輩から「スカしている」とイジられたりもしますが、昔からグラウンドにいるときは、そうすべきなのかなと考えています。

でも、喜びがピークに達して感情が抑えきれなかったこともないわけではありません。２０１４年のクライマックスシリーズのファイナルステージ第５戦。福岡ソフトバンク相手に、負ければ終わりの状況で４点差を追いつき、延長11回表に勝ち越しタイムリーが打てたときには両手を叩《たた》いて、右の拳《こぶし》を強く握り締めましたし、一塁ベース上からベンチに向かって両拳を突き出している自分がいました。

気づいたら、やっていたという感じでした。12年のリーグ制覇のときはまだ控え選手で、優勝決定も僕らの試合がない日に2位の埼玉西武が負けるのを見届ける形でしたから、あの一打が今までで最も昂《たかぶ》ったシーンでした。

その興奮を超えるのは、主力選手として経験するリーグ優勝と日本一。そして日本代表で世界一に輝くときだと思います。いい意味で自分のルールを打ち破って、自然とガッツポーズが出る最高の瞬間を迎えたい。いつも力をいただいているファンのみなさんにも届くくらいの強い思いを持って成長していきますので、これからも応援していただけたら幸いです。

末筆《まっぴつ》になりますが、コメントをいただくなど、貴重な時間を割《さ》いてこの本に協力してくださった賢介さん、中田さん、拳士、遥輝、近藤、翔平。そして、マスコットのB・B。また、北海道日本ハムファイターズ、廣済堂出版の関係者の方々をはじめ、刊行にあたってご尽力を賜《たまわ》りましたすべてのみなさまに、深く御礼を申し上げます。本当にありがとうございました。

感謝！

中島卓也

2016年4月

TAKUYA NAKASHIMA

打点	盗塁	盗塁刺	犠打	犠飛	四球	死球	三振	併殺打	打率	出塁率	長打率
0	1	0	0	0	0	0	1	0	.000	.000	.000
0	2	0	11	0	1	0	17	0	.114	.127	.114
8	23	2	26	1	21	1	47	2	.238	.305	.260
32	28	9	35	1	43	0	92	4	.259	.333	.298
39	**34**	7	34	0	66	2	93	10	.264	.350	.287
79	88	18	106	2	131	3	250	16	.249	.324	.275

〈タイトル〉

・最多盗塁：１回（2015年）

〈表彰〉

・ベストナイン：１回（2015年：ショート）

〈個人記録〉

・初出場　2011年４月20日、対オリックス２回戦（ほっともっとフィールド神戸）、８回裏にセカンドとして出場

・初打席　同上、９回表に鴨志田《かもしだ》貴司《たかし》から三振

・初盗塁　2011年４月24日、対東北楽天３回戦（ほっともっとフィールド神戸）、９回表に二盗（投手・片山博視《ひろし》、捕手・井野卓《すぐる》）

・初先発出場　2012年４月７日、対千葉ロッテ２回戦（QVCマリンフィールド）、９番ショートとして先発出場

・初安打　2012年４月17日、対埼玉西武５回戦（西武ドーム）、５回表に牧田和久からサード内野安打

・初打点　2013年５月３日、対東北楽天６回戦（日本製紙クリネックススタジアム宮城）、９回表に福山博之からレフト線タイムリーツーベース

・1試合刺殺　９、2014年８月５日、対オリックス16回戦（帯広の森野球場）、セカンドでのパ・リーグタイ記録（９人目）

・オールスターゲーム出場　１回（2015年）

Results 年度別成績ほか

◉中島卓也 年度別打撃成績（一軍） ※太字はリーグ最高

年度	チーム	試合	打席	打数	得点	安打	二塁打	三塁打	本塁打	塁打
2011	北海道日本ハム	8	1	1	2	0	0	0	0	0
2012	北海道日本ハム	105	82	70	9	8	0	0	0	8
2013	北海道日本ハム	127	272	223	24	53	5	0	0	58
2014	北海道日本ハム	126	461	382	55	99	9	3	0	114
2015	北海道日本ハム	**143**	617	515	69	136	8	2	0	148
通算		509	1433	1191	159	296	22	5	0	328

◉年度別守備成績（一軍） ※太字はリーグ最高

二塁

年度	試合	刺殺	補殺	失策	併殺	守備率
2011	2	0	2	0	0	1.000
2012	28	19	22	0	5	1.000
2013	91	159	221	4	42	.990
2014	99	239	320	**9**	62	.984
2015	—	—	—	—	—	—
通算	220	417	565	13	109	.987

三塁

年度	試合	刺殺	補殺	失策	併殺	守備率
2011	—	—	—	—	—	—
2012	3	0	5	0	0	1.000
2013	—	—	—	—	—	—
2014	13	6	14	1	2	.952
2015	—	—	—	—	—	—
通算	16	6	19	1	2	.962

遊撃

年度	試合	刺殺	補殺	失策	併殺	守備率
2011	1	0	0	0	0	.000
2012	73	41	81	2	14	.984
2013	44	42	78	5	17	.960
2014	21	23	38	2	5	.968
2015	143	215	**450**	14	79	.979
通算	282	321	647	23	115	.977

外野

年度	試合	刺殺	補殺	失策	併殺	守備率
2011	—	—	—	—	—	—
2012	—	—	—	—	—	—
2013	—	—	—	—	—	—
2014	1	0	0	0	0	.000
2015	—	—	—	—	—	—
通算	1	0	0	0	0	.000

#9
TAKUYA NAKASHIMA

マスターズメソッドシリーズ

攻撃的守備の極意

ポジション別の鉄則&
打撃にも生きるヒント

立浪和義著

宮本慎也との対談つき。
プレー・見方が変わる!

長打力を高める極意

強く飛ばすプロの技術&
投手・球種別の攻略法

立浪和義著

高橋由伸との対談つき。
観戦・実践に役立つ!

プロフェッショナルバイブルシリーズ

コントロールする力

心と技の精度
アップバイブル

杉内俊哉著

精神力とスキルを
高める新思考法。

廣済堂新書

待つ心、瞬間の力

阪神の「代打の神様」
だけが知る勝負の境目

桧山進次郎著

重要場面で能力を
発揮するには?

TAKUYA NAKASHIMA MESSAGE BOOK

中島卓也 メッセージBOOK ―思いは届く―

2016年5月10日　第1版第1刷

著者……………………中島卓也

協力……………………株式会社
北海道日本ハムファイターズ

企画・プロデュース…寺崎敦(株式会社 no.1)

構成……………………鷲崎文彦

撮影……………………石川耕三(ユニフォーム写真)
佐藤匠(株式会社&border/私服写真)

ブックデザイン………坂野公一(welle design)

DTP……………………株式会社 三協美術

編集協力………………長岡伸治(株式会社プリンシパル)　根本明　松本恵

編集……………………岩崎隆宏(廣済堂出版)

発行者…………………後藤高志

発行所…………………株式会社 廣済堂出版
〒104-0061 東京都中央区銀座3-7-6
電話　編集 03-6703-0964/販売 03-6703-0962
FAX　販売 03-6703-0963
振替　00180-0-164137
URL　http://www.kosaido-pub.co.jp

印刷所・製本所………株式会社 廣済堂

ISBN978-4-331-52019-2 C0075

定価は、カバーに表示してあります。
落丁・乱丁本はお取替えいたします。

メッセージBOOKシリーズ

小川泰弘
メッセージBOOK
―ライアン流―

小川泰弘著
学んだフォーム&
独自のスタイル。

山口鉄也
メッセージBOOK
―鋼《はがね》の心―

山口鉄也著
鉄から鋼《はがね》へ、
成長の裏側。

長野久義
メッセージBOOK
―信じる力―

長野久義著
思いを貫く
野球人生の哲学。

矢野謙次
メッセージBOOK
―自分を超える―

矢野謙次著
「正しい努力」をすれば、
へたでも進化できる!

陽岱鋼
メッセージBOOK
―陽思考―

陽岱鋼著
「陽流プラス思考」の
すべてを公開。

西川遥輝
メッセージBOOK
―ONE OF A KIND―
唯一無二の存在

西川遥輝著
誰とも似ていない
「自分」を目指して。

以下、続刊

伊藤光
メッセージBOOK
―クールに熱く―

伊藤光著
冷静な頭脳で、
勝負に燃える!

森福允彦
メッセージBOOK
―気持ちで勝つ!―

森福允彦著
ピンチに打ち勝つ
強さの秘密。

松田宣浩
メッセージBOOK
―マッチアップ―

松田宣浩著
理想・苦難と向き合い、
マッチアップした軌跡。

菊池涼介　丸佳浩
メッセージBOOK コンビスペシャル
―キクマル魂《だましい》―

菊池涼介　丸佳浩著
2人のコンビプレー&
情熱の力は無限大!

大瀬良大地
メッセージBOOK
―大地を拓《ひら》く―

大瀬良大地著
たとえ困難な道でも、
自らの可能性を開拓!